真人秀
模式节目本土化研究

董冰玉　著◎

中国电影出版社
2021 · 北京

图书在版编目(CIP)数据

真人秀模式节目本土化研究 / 董冰玉著. —北京：
中国电影出版社，2021. 11
ISBN 978-7-106-05356-7

Ⅰ. ①真… Ⅱ. ①董… Ⅲ. ①文娱活动—电视节目—
研究—中国 Ⅳ. ①G222. 3

中国版本图书馆CIP数据核字(2021)第205529号

责任编辑：李清晨
装帧设计：联创睿合
责任校对：林　娜
责任印制：赵匡京

出版发行　中国电影出版社(北京北三环东路22号)　邮编：100013
电话：64296664(总编室)　　64216278(发行部)
64296742(读者服务部)　E-mail：cfpbjb@126. com
印　　刷　中国电影出版社印刷厂
版　　次　2021年11月第1版　2021年11月北京第1次印刷
开　　本　710mm × 1000mm　1/16
印　　张　12
字　　数　180千字
定　　价　58.00元

目　录

绪 论

模式节目全球流通最早始于20世纪50年代西方的广播领域，“第一档真正跨国传播的电视节目是1950年在CBS（哥伦比亚广播公司）电视网播出的《我的台词是什么》。该节目在美国大获成功后，BBC（英国广播公司）于1951年与CBS签订了该模式的授权许可协议，推出了它的克隆版”[①]。作为早期的模式节目输出国家，美国在这个阶段成为唯一的输出国，将其模式输出到欧洲各国及澳大利亚等地。到了20世纪80年代，欧洲国家开始大量研发模式节目，取代了美国一家独大的地位，同时又因为模式节目经过了研发团队的市场调研，具备风险低、收益高的特点，因此开始被电视行业广泛重视起来。“1990 年代是全球电视节目模式产业发展的一个关键时期。《谁想成为百万富翁》《幸存者》《老大哥》这三大超级模式在美国、英国和西欧等重要电视市场相继取得巨大成功，被认为是全球电视节目模式发展的重要分水岭，开启了模式贸易的新纪元。”[②] 2000年以后，日、韩、中以及南美国家加入模式节目的洪流中，相继推出各类节目模式，《奔跑吧，兄弟》《我是歌手》《爸爸去哪儿》《花样爷爷》等席卷而来，模式节目的互利共通进入到白热化阶段。

模式节目从内容上来说可以简单划分为新闻类和综艺类。本书将聚焦于综艺类的模式节目，针对五类节目及其本土化的结合点展开详细分析。

---

① 戴颖洁.电视节目模式跨境流动研究——基于媒介全球化的理论视角［J］.浙江传媒学院学报，2017（4）：2-9.

② 戴颖洁.电视节目模式跨境流动研究——基于媒介全球化的理论视角［J］.浙江传媒学院学报，2017（4）：2-9.

综艺模式节目全球流通，以其综艺娱乐的外壳、文化本土化重塑的内核成为文化全球化流通最容易被接受的媒介文化形式。可以说，媒介文化的发展是在外来文化与本土文化的融合中达成的，满足本土受众需求是模式节目本土化改造的核心，也是版权节目引进后必须进行的操作流程。[①]国内学者殷乐认为，“在模式节目中，以内容体现的文化接近性与以模式框架携带的文化距离融为一体。从成品节目到模式节目，意味着媒体全球扩张中在文化策略上从表层影响转向深层渗透，从特洛伊木马式的进攻转向协商对谈，其文化策略更为隐蔽”[②]。从1998 年至2018年20年间中国娱乐综艺节目版权引进经过了模式启蒙年、模式转折年、模式节目正版年、火爆引领年、节目井喷年、模式降温年、原创探索年七个发展阶段。实际上，在模式节目的输入这一过程中，我们需要关注的是如何将中国文化融入节目并成功进行本土化改造，以及如何通过综艺模式节目的输出，提升中国文化软实力等问题，更为重要的是要认识到综艺模式节目未来将成为国际传播力提升的新路径。[③]

模式节目的全球流通意味着媒介国际化及国际传播的进程，真人秀综艺模式节目的原版引进，提升了中国电视媒介的整体制作水平，推动了电视事业的发展，将中国娱乐综艺节目的发展推进到了第四个发展阶段。首先1983年电视文艺晚会的出现成为综艺的第一个阶段，是以《1983年中央电视台春节联欢晚会》制作的直播大型文艺晚会为代表；1990年作为固定节目出现的《综艺大观》进入了第二阶段即综艺表演节目阶段；第三个阶段则是以 1997年、1998年《快乐大本营》《幸运 52》为代表的综艺游戏、益智节目阶段；第四个阶段就是目前以真人秀为代表的综艺模式节目阶段。2010 年东方卫视《中国达人秀》的引进为节点，将中国的综艺节目真正

① 刘霞. 综艺模式节目将成为国际传播力提升的新路径［J］.新媒体观察，2019（5）：98.

② 殷乐.电视模式的全球流通：麦当劳化的商业逻辑与文化策略［J］.现代传播，2005（4）：85.

③ 刘霞. 综艺模式节目将成为国际传播力提升的新路径［J］.新媒体观察，2019（5）：98.

推进到第四个发展阶段。[①]媒介文化是流动的，信息的开放流通为外来文化与本土文化的共融创造了绝佳的契机，而作为媒介文化的最大受益者，受众往往会对与本国文化、语言相近或相似的内容产生天然的亲近感。因此，在全球性模式节目的构思与推广中满足受众的本土化需求至关重要。在这个背景下，模式节目提供了文化创意本土化的沃土。近段时间，视频节目领域获得新的发展契机，其产业化的趋势日渐明显，产业化最突出的特征就是标准化、流程化、规模化，规模生产扩大化使得节目模式的生成和版权交易成为现下的必然。

2012年之后，中国电视真人秀节目最显著的发展特点，就是与媒介资本的融合形成的模式化发展。模式，包含了节目制作的基本框架和形式安排，但不仅仅是制作框架层面的操作安排，此外还应该涉及节目当中诸多内容和形式元素的比例安排、风格定位等。节目是具体的视听载体，那么节目模式应该就是对节目的具体样式——节目形式和内容的各种基本组成元素的组合设计版式进行的标准化提炼，即在节目复制化生产过程当中的标准样式，并确保基于该样式制作的节目具有相似性和连续性。[②]这一时期显著化的模式特征源于引进的模板节目，通常在国外已经获得了观众认可，并且节目形式逐渐成熟，引进国内降低引入方风险。同时，新颖的节目内容在短时期内可以吸引观众，提高收视率，带来良好的广告效应，因此各大卫视、网络平台开始不断引入国外的模板节目。

版权模式的引入，伴随着制播分离制度的成熟和跨媒介资本的流动，2012年，《中国好声音》引进了荷兰的模板节目*The Vioce of Holland*版权，其播出时的火热程度引发了行业和学界对现象级电视真人秀节目的又一次广泛讨论和研究，甚至有学者认为，《中国好声音》是推动2013年中国电视真人秀井喷的助燃剂。

---

① 刘霞.综艺模式节目将成为国际传播力提升的新路径［J］.新媒体观察，2019（5）：97.

② 袁靖华.电视节目模式创意［M］.北京：中国广播电视出版社，2013（2）：3-4.

作为舶来品，从最早的《生存大挑战》就开始借鉴了欧美的模式，之后，中国的电视真人秀节目几乎是在借鉴、抄袭、模仿日韩和欧美的节目中发展起来的，当然，这和我们中国媒体制作人早期版权意识淡薄有直接的关系。但是从海外引进版权的《中国好声音》所获得的空前的成功来看，它正式开启了电视真人秀模式化的时代，中国媒体制作人越来越重视市场的独创性，重视版权的保护，甚至开始思考和实践版权的输出。引入海外节目模式，不仅仅是简单的模式引进，更是一套娴熟的管理操作系统的引入，一个成熟的制作系统的引入，激发了本土原创的能力。《中国好声音》在向国外购买版权时，通常会配套一本几百页的制作手册，里面包括灯光、舞美、机位、剪辑、音效等数个细节，并且海外团队还会在节目开始拍摄前对国内的制作团队予以培训，有时候根据节目需要，国际的拍摄团队还会空降现场，亲自参与节目制作和拍摄。这也满足了模板节目的模式化、流程化、细节化的要求。①

当前，受国际社会“中国威胁论”等议程设置的影响，中国文化走出去面临诸多挑战，而媒介文化中的综艺模式节目相对新闻、电视剧来说更易被在地国受众所接受。综艺模式节目是承载中国故事、国际叙事的重要载体，它不仅带来了媒介创作机制的改变，也带来了创作方式的改变。②

随着国际一体化进程的不断推进，“文化共享”以一种全新的方式被各国广泛接受。利用影视、网络等现代传媒手段，推广一国文化以及意识形态的方式已被欧美许多政治强国成功运用，文化产业“软实力”由此被提升至与国家政治实力和军事实力相同的高度。随着我国综合实力的不断增强，国际影响力的不断提升，“十二五”规划中，国家明确了将文化产业的发展提高到发展国家软实力的战略高度。然而，与欧美等国的文化包装、推广相比，无论规模、手段，还是实力，我们作为“后觉者”才刚刚

① 李灿.媒体融合环境下电视真人秀的创制及生态格局研究［D］.上海：上海大学，2017：55-56.

② 刘霞. 综艺模式节目将成为国际传播力提升的新路径［J］.新媒体观察，2019（5）：98.

起步。

电视和网络视频节目作为重要的文化传媒介质，为我们提供了极其典型的分析案例。打开电视或网络我们不难发现，我国现有各类节目内容重复、形式简单套用、策划单一，电视和网络节目同质化的现象日益突出，成为制约国家软实力发展的瓶颈。

不可否认文化的产生和形成是复杂的，是允许借鉴和碰撞的，文化本身没有好坏、先进落后之分。我国的文化本身就是历经几千年多种文化碰撞后形成的，它现在也在继续接纳外部文化，不可能停滞下来。文化的碰撞自然就会产生一定的趋同和互补，而媒体文化的趋同又要比其他任何文化都大得多，因为到处都是同一性的媒体，媒体到了深山老林，再“土”的人也会迅速认识脱口秀、T型台和光怪陆离的广告。这种同质化的前提就是媒体手段的一致性，这正是媒体本身不可避免的同质化问题。

让我们以21世纪最为火爆的真人秀节目为例，看看同质化现象在节目领域迅猛发展的态势。

有人认为荷兰的《老大哥》节目（1999）是真人秀的发端，不过，节目之间类型重组、相互“抄袭”的现象由来已久，所以很难找到真正的“原版”。有学者发现，真人秀节目甚至可以追溯到美国1948年首映的《坦率的摄影机（*Candid Camera*）》，该节目具有鲜明的“窥视癖”倾向。随之而来的有法国的《阁楼故事》，英国的《老大哥》，美国的《幸存者》《诱惑岛》《生存大挑战》。美国的CBS于2001年从荷兰引进《老大哥》，制作了同名节目*Big Brother*①，随后福克斯又制作了一档将英国节目本土化后的真人秀节目《美国偶像》。再把视线转向国内，从2004年湖南卫视的《超级女声》开始，真人秀节目便势如破竹般在全国各级电视台遍地开花，先后有中央电视台的《梦想中国》《星光大道》，东方卫视的《加油！好男儿》

① 李承泽.电视节目同质化现象的理论透视［EB/OL］.http：//sina.blog.com，2012.9.14.

《我型我秀》《舞林大会》《群星耀东方》《民星大行动》，湖南卫视的《名声大振》《勇往直前》，北京卫视的《红楼梦中人》《龙的传人》，江苏卫视的《名师高徒》《绝对唱响》，浙江卫视的《绝对小孩》和《天生我才》，贵州卫视的《舞艺超群》[①]，东方卫视的《中国达人秀》，中央电视台的《出彩中国人》，浙江卫视的《中国好声音》，湖南卫视的《我是歌手》，湖南卫视的《爸爸去哪儿》，浙江卫视的《爸爸回来了》，东方卫视的《极限挑战》，浙江卫视的《奔跑吧，兄弟》，腾讯视频的《吐槽大会》《脱口秀大会》，腾讯视频的《创造101》，爱奇艺的《偶像练习生》等。这些节目虽然尽其可能追求形式上的千变万化，但万变不离其宗——满足观众的"窥视欲"。

为什么同质化现象一而再再而三地出现在电视产业，甚至出现在整个传媒业?

首先，从文化传播角度看，一方面，西方发达国家在现代电子信息技术方面处于领先地位；另一方面，西方发达国家倚重收视率的商业运作模式，极高地提升了节目的创新速度，催生了节目形式的多元化。而分析我国电视发展历程不难发现，20世纪七八十年代，电视仅作为信息获取手段的媒体存在；90年代电视节目发展成为人们的娱乐方式，而后收看电视节目更多成为一种收视习惯。随着现代经济的急速发展，电视媒体受到了新媒体的极大冲击，商业化运作在这时才被提上议事日程，被赋予了提高收视率与提升文化传播效能的使命，因此电视媒介的物质刺激与形式创新，在这样的背景下以"快餐"的形式套用了舶来的西方模式，以博取短期的轰动效应和经济利益。西方的影视节目、广告等文化产品源源不断地流入第三世界国家，向这些国家的人们展示西方的生活方式和价值观，使他们在潜移默化当中追求和向往西方的生活方式。[②]这就出现了中国大陆学港

① 潘祖雄.电视真人秀在中国的发展趋势初探［EB/OL］.www.people.com.cn，2009.11.27.

② 秦靓.全球化态势下的媒介帝国主义［D］.武汉大学硕士论文，2005.4.1.

台、港台地区学日韩、日韩学欧美这种如同流水生产线似的电视节目制作模式。西方国家就这样通过大众媒介在第三世界制造了一大批西方精神产品的消费者。而进入21世纪以来，随着网络媒体的勃兴，这些节目模式又多了一方舞台。通过这样一种事实我们不难发现，这种被西方文化传播学者鲍依巴瑞最先于1977年提出来的“媒介帝国主义”正在借助全球化的推手席卷着整个第三世界国家，而“媒介帝国主义”的战略又呈现出三个特点：

一是以强大的经济和资本实力做后盾，主要通过文化市场进行全球文化扩张；

二是通过含有文化价值的产品或商品的销售来实现全球性的文化支配；

三是这种文化支配和扩张是通过传播媒介来实现的。①

当媒介全盘进入文化领域后，已经并正在以激烈的方式改变着不同的文化，并使文化差异消失在文化的全球化之中，从而使异于西方的文化失去“他性”；从而使不同文化、不同习俗、不同品味、不同阶层的人联结在媒体系统中，将不同国家人的思想理念、价值认同都整合为同一频道、同一模式，并进而形成相似的“集体记忆”。②

其次，从经营管理看，同质化最大的问题在于“模仿”或者“克隆”本身就是产业化经营中的常见战略之一。迈克尔·波特曾经将企业战略归纳为三种类型：全面成本领先、差别化、集中化……其中全面成本领先战略致力于达到经营成本的最低，获得成本优势；这样，尽管竞争者之间的定位相同，但是享有低成本优势的媒体就可以获胜。这种经营管理制度上的漏洞势必导致敢于花高额成本创新的媒体越来越失去市场。这就好比家具制造产业，技术门槛低，一些家具厂商高成本的创新很容易被抄袭，

① 张其学.媒介帝国主义：文化霸权主义的当代形态［J］.南京社会科学，2004（10）.

② 秦靓.全球化态势下的媒介帝国主义［D］.武汉大学硕士论文，2005.4.

抄袭者省略了研发成本，生产能力又如长江之水源源不绝，很快就“烂大街”，创新者完全没有创新红利，而法律保护与惩罚举措却如凤毛麟角，如此一来，企业普遍缺乏创新动力。[①]所以只是简单化地将同质化问题归结到创新不够显然有些片面，从某种意义上应该说是制度对抄袭的宽容扼杀了创新。

最后，从受众自身角度看，观众对新鲜的视频节目都报以最大的关注甚至参与热情（比如短信互动），实际上是下行市场反过来对上行生产的一种客观影响，而中国社会广大市民对电视节目创新的理解，自身意识还远没有达到。许多学者都对电视节目生产一味地迎合受众提出批评，但电视作为一种产业在国内尚未形成稳定的运作模式之时，客观上形成了一种“共谋”，这也就是另一个原因，简单说就是：市民或电视受众市场反过来促成了这种同质化内容和表现的形成。[②]

由此可见，不能将“模仿”绝对的错误化，不能将“创新”一味地概念化，在条件和资源有限的情况下，好的模仿是成功的一半，但究竟怎样才算是“好的模仿”呢？这就不得不涉及两个方面，一是频道形象建设，二是节目形态的创造。而频道形象的建设和节目形态的创造又是融合在一起，互为因果的。

自从2004年湖南卫视提出“快乐中国”的口号后，各大地方卫视也开始效仿此法，纷纷围绕“中国”造词，并由此展开了一场声势浩大的“频道形象建设竞赛”。如幸福中国、快乐中国、时尚中国、中国爱、中国红、中国蓝………这些花样百出的频道定位，让人不得不感叹中国人咬文嚼字的能力！曾经的“一个西瓜”（中央电视台）、“两粒芝麻”（凤凰台和湖南台）、“一地鸡毛”（各家地方卫视）分封天下的局面已经荡然无存，取而代之的是各家地方卫视飙着劲儿使出浑身解数，众仙过海，各显神通。进

① 叶檀.民工荒也是制度荒［EB/OL］.www.caijing.com.cn，2010.3.5.

② 张其学.媒介帝国主义：文化霸权主义的当代形态［J］.南京社会科学，2004（10）.

入21世纪后这场群雄逐鹿的洗牌战中，又以湖南卫视的先声夺人和江苏卫视的异军突起最为引人关注。

众所周知，湖南卫视围绕“快乐中国”推出了一系列如“快乐家族”“快乐购”“快乐淘宝”等主持群或节目。而与之相关的系列均是将收视人群定位于15～35岁的娱乐节目，以娱乐节目和年轻人为收视人群的清晰定位，使得湖南台在探寻节目形态的道路上有了明确的发展方向。湖南卫视之所以能长期稳坐娱乐老大“头把交椅”的位置，一是因为它较早确立了其频道定位；二是由于它能迅速掌握国内综艺娱乐节目的风向标，在引进国外优势节目版权的基础上进行本土化改造。所以，他们在选秀节目中能凭借《超级女声》独占鳌头；在平民参与节目中有《快乐向前冲》首当其冲；娱乐脱口秀节目中有《天天向上》力克群雄；而在接下来与东方卫视的《舞林大会》、浙江卫视的《我爱记歌词》、江苏卫视的《非诚勿扰》围绕版权打起的口水战中，湖南卫视又以《舞动奇迹》《挑战麦克风》《我们约会吧》这一系列的节目博得了受众的关注，湖南台再次成为话题的焦点。从这一场场的口水战中我们不难看出，湖南卫视果然深谙娱乐之道，如若不然，每一次的收视狂潮怎么都少不了他们的身影？不懂得顺应时机制造舆论的媒体，怎会懂得制造娱乐？但是不可否然，在这一轮又一轮白热化的激战中，湖南卫视的生命力明显大不如前。各家地方卫视无不纷纷学习、借鉴、抄袭湖南卫视的成功栏目，以最大限度地减少生产成本，甚至不惜花重金挖走湖南卫视的人才，收视大有反超的迹象。如果湖南台再不及时调整节目思路，恐怕娱乐老大的位置终将不保。

江苏卫视2002年就有了“情感特色”的思路，但是直到2010年1月才提出“情感世界·幸福中国”的品牌口号。由于思路不够明晰，导致江苏台此前一直没有明确的节目创作方向，也就必然没有品牌节目占领市场。而当“要幸福全中国人民的情感世界”这一理念贯彻到全台的节目中后，便有了《人间》《幸福晚点名》《老公看你的》《时刻准备着》等品牌节目的相继诞生。2010年，随着梁静茹的《可惜不是你》响彻大江南北，相亲类节目在全中国掀起了第三次婚恋节目的热潮。从1996年《非常男女》的开播到2003年的《爱情大挑战》至今，婚恋节目之所以备受关注是因为它往往映射出一个时代适婚男女的价值取向，而这正是《非诚勿扰》的时代感和争议性所在。《非诚勿扰》在2010年中国电视要着十八般武艺力推各种奇男怪女到相亲类节目的众生相中能脱颖而出的原因是最引人关注同时也最惹人争议的真实性。节目就是节目，现如今“婚与不婚”已经不会像20世纪90年代一样成为最终的目的，更重要的是这场婚恋秀所设计的规则——男女人数的悬殊、突然死亡法、男女选择权的反转，这一系列戏剧冲突的设计满足了人们如同身临古罗马斗兽场观战般的视觉冲击；同时在女性嘉宾人多势众的表象背后，实际上是男权社会戴上对异性充满审视的有色眼镜制造出来的一场没有硝烟的战争。这种娱乐制造方式也暗合了一条在中国社会潜藏千年的“真理”：男人制造标准，女人用这一标准来衡量自己。①

先后担任澳大利亚墨尔本国际艺术节总监和英国爱丁堡国际艺术节总监的约翰逊·迷尔斯曾有过这样一个比方，他说：“我在远隔千山万水的悉尼和新加坡艺术节上，竟然找到了爱丁堡艺术节的影子……这就像一家国际连锁酒店的国际自助餐，色拉是用相同的调料调制的，海鲜、烤牛肉、羊排、鱼虾等食材也无二致。”②对于固守饮食习惯的人来说这种情形当然再合适不过了，因为无论身在何处都能品尝到风格统一、口味一致的食物。而对于宣扬个性的文化艺术来说却无异于一场灾难，这就好比让枕着千年传统根基的秦始皇陵兵马俑吃起了汉堡包，往涤荡着沧桑尘埃的圆明园福海里注入可口可乐一样，各国已逐步在不断国际化的文化海啸中走向翻译型的文化艺术，淡忘了国家的历史，模糊了民族的身份。而这种

① 王清清.制造“剩女”：性别传播的偏向［J］.现代传播，2011（3）.

② 文化同质化将导致“悲惨世界”.文汇报［EB/OL］.http：//book.sina.com.cn，2009.10.20.

发展趋势的最终结局将是“有奶便是娘”，但这恰恰不应该是有着四大文明古国之称、传承了五千年厚重历史的中国要走的路。我们有独特而悠久的中国文化，比如1961—1964年上海美术电影制片厂制作的彩色动画长片《大闹天宫》，仅凭手中的一支画笔在国内外引起巨大的轰动；再比如在宗教、哲学、建筑、艺术、雕刻、戏曲、医学、饮食、民俗等方面，我们的文化传统中蕴藏着的无数宝藏不应像“婴儿”一样连同洗澡水一起被泼掉。我们完全有能力让传统文化再生，完全有能力繁衍出中国特色文化型的电视艺术。

因此，对于模式节目本土化的研究就具有了鲜明的现实意义和不可替代的传播价值。

第一章

中国电视节目样态的发展现状

狄更斯在《双城记》中说：“这是最好的时代，这是最坏的时代。”此话恰好折射了当下的融媒体环境。从2007年的数据来看，中国4岁以上电视观众总数为12.05亿人，99.89%的中国家庭拥有电视机，93.72%的观众闲暇时选择看电视，看电视成为全民休闲娱乐方式。而在2001—2008年的七年间，美国把电视当作重要新闻媒体的认可率从82%下降到70%，但仍排名第一。与此同时，对互联网的认可率却从13%上升到40%，已超过报纸。有调查显示，2001年，北京市居民的电视开机率接近100%，在其后的7年间，也只下降了30%，但在2009年到2011年出现了骤降，目前北京市居民的电视开机率只有不到30%。在被问及是否常看电视时，“只看个别节目”“很少看电视”“好久没看电视”是常见的回答。与此相对照的是网络视频近年来的高速发展，网络视频的流量以超过50%的速度增长，2011年第二季度，网络视频的广告收入同比增长94%。随着带宽成本的降低和网络视频终端设备发展，网络视频的消费还将快速增长。[①]这是不是说明网络视频的蓬勃发展已经开始对传统电视节目宣战了呢？答案显然不是。受众越来越倾向于选择手机、pad等终端产品，尼尔森公司在2008年发表的研究报告显示，近三分之一的美国互联网使用发生在用户看电视时，这意味着新老媒体更多的是在分享注意力而不是在竞争。[②]如何才能在这场注意力经济的战役中拔得头筹呢？

如果将2006年定义为视频元年，那么互联网视听迄今已经历了十余年的发展。2016年12月8日，第四届中国网络视听大会开幕，互联网视频行业领军人物齐聚成都，优酷创始人、阿里文娱战略投资主席古永锵在演讲

① 黄俊杰.视频瓦解电视［J］.新周刊，2013（391）.

② 黄俊杰.视频瓦解电视［J］.新周刊，2013（391）.

中说道："我们看到下一个十年有三个大的趋势，一是行业内竞争融合，包括整个文娱状态里边的生态、图文、视频各领域的融合，二是线上线下融合，三是国内外文娱方面的融合。如果说现在我们进入互联网的第三个十年，第一个十年其实更多是引进海外模式，我们看到最近的十年，很多互联网行业已经在模式上面领先海外，做了很多微创新。但是我认为，在未来的十年里边，中国在很多年轻人的推动下，我们看到很多的技术内容以及生态创新都会产生于中国。在文娱产业里边，在下一个十年其实是非常令人兴奋的。"[①]

"春江水暖鸭先知"，作为融媒体行业巨头的古永锵对于业界生态状况的变化概括得极为精准。而其间提到的模式，即节目模式的简称，正是本文着力研究的重点。

"节目模式"（由于目前尚未出现相对应的音频节目，故此处节目特指视频节目）是指某个系列节目的制作框架，它包含若干核心要素和细节（如演播室布置、布景、灯光、台词脚本、制作安排等），对目标受众特征和期望收视率这样的效果指标也有详细的规划。"节目模式"概念是一种严密的节目制作体系。基本的途径是：节目制作方在经过严格的创意思考后，根据创意成果选择适合的内容研发出完整的节目流程设计，根据这个流程研发出"节目制作圣经"，在此基础上生产的电视节目必须在播出前经过观众预审，播出后获得优良的收视市场回报。此时，这个成功的节目才被称为"节目模式"。节目模式是对节目的具体样式，即节目的形式和内容的各种基本组成元素的组合设计版式的标准化提炼，节目模式的获得是一个综合创造的过程，是智力成果，并且具有可复制性。[②]而在节目模式框架下制作的节目，俗称"模式节目或模式类节目"。

因为受到国情、政策、传播环境、技术条件、受众心理等因素的影

① 张朝阳、古永锵、龚宇、孙忠怀齐聚网络视听大会，把脉视听行业《看电视》公众号，2016.12.8.

② 陈阳.电视节目模式的跨国流动与本土化［J］.武汉声屏，2010（03）.

响，我国的模式节目得以诞生和发展于电视媒体而又在网络媒体继续壮大。基于这些因素的影响，近年来模式节目有了更加多元的发展空间，而这一系列较为具有代表性的综艺节目也为笔者提供了更多的研究样本。

模式节目如今的发展已展现出势如破竹之势，但如果回首十年间电视节目的发展脉络，我们不难发现这样的发展态势有其规律可循。悉数国内具有影响力的现象级节目，我们可以发现，包括2005年的《超级女声》、2008年的《我爱记歌词》、2010年的《非诚勿扰》、2013年的《爸爸去哪儿》、2014年的《奔跑吧，兄弟》，短短的十年间，这些现象级的节目基本都是引进模式或间接引进，而原来现象级节目出现的周期为三五年，现在周期越来越短，甚至一两年就会出现。换句话说，想靠一档王牌节目吃一辈子老本的时代已经一去不复返了，就算是一年一改版，各大卫视也只能是江山代有才人出，各领风骚一两年的格局。那么，我们可不可以从节目的演进过程中梳理出一些规律，来分析中国目前模式节目的生态状况变化呢？

第一节　模式节目发展的驱动原因

一、社会结构变迁

改革开放以前，中国社会阶层结构相对比较简单，城乡二元的社会结构限制了人们正常流动和身份变化。[①]在计划经济体制下，政治、经济、意识形态高度集中，社会利益和价值判断趋于一体化状态，因此，综艺节目呈现出单一化的特点。

① 李家元.论当今中国社会阶层变动与和谐社会的构建［J］.理论界，2006（02）.

如果说当年看《综艺大观》的电视观众还停留在“你表演我观看”的阶段，21世纪有了公民意识、在互联网享有话语权的观众已经完全不能得到满足，他们强烈要求“你的表演我来定”。这个“我”说的是：“现场的嘉宾”——《非诚勿扰》的24位女嘉宾决定男嘉宾的去留；“观众”——《我是歌手》的500位大众评审决定歌手的去留；“电视机前的观众”——《超级女声》的短信投票决定参赛选手的去留。而现在有了弹幕，网友们不评不快。当节目给了本来就自以为拥有了话语权的观众一种“可操控错觉”时，观众的成就感、价值感、幸福指数就会瞬间爆棚。但实际上，节目是放手并没有脱手。

二、受众心理需求

20世纪八九十年代，电视媒体对大众的娱乐需求存在一定的忽视，加上电视技术水平的相对落后，导致形式单一，娱乐性不强。因此，电视发展的前50年，基本属于“我播你看”的状态。进入21世纪，观众主体意识和自我展示意识加强，只是简单地参与游戏节目不能满足观众发挥主观能动性的需求，观众要求提高对于节目发展的话语权，真人秀掀起新的收视热潮。

真人秀的出现满足了观众猎奇心理，接近心理，对真实的渴求。这类节目大部分为引进或间接引进模式节目，因为在制作国有过成功的市场调研，落地后第一次完成普通人参与并完成全部的节目录制，在一定程度上拉近了节目和平民之间的距离，唤起受众的心理认同感。

电视的即时性传播和共享性接收是电视的独有传播特点。这就决定了从受众心理来看，电视的伟大之处在于给观众一个重要的体验，那就是参与感。在电视综艺节目中，电视观众的参与分为两个层面：心理参与和亲身参与或者说现场观众的参与和电视机前观众的参与。而此类节目的大批涌现刚好适时地满足了观众的心理需求。

在移动互联网时代成长起来的“90后”“00后”们，不再囿于电视的规定时间、规定地点的传播环境，而是可以利用移动终端随时随地收看视频节目，模式节目借助这样的技术革新将完整节目进行碎片化剪辑，既满足了受众对于碎片时间的利用需求，同时还能满足受众对于节目中公众人物的个人偏好或追求，让节目的传播效能得到进一步提升。

三、电视生产方式变革

电视生产方式的变革主要表现为伴随着电子技术的发展而不断进步的电视节目制作技术水平，电视频道的覆盖水平，电视节目发展过程中所使用的融合手段所发挥的不同文化功能。

20世纪90年代后期，随着多种表现手法和节目元素的融合，电视节目超越了单纯的艺术审美，进一步侧重交流对话和消费娱乐。主动参与、平等交流、对话成为电视文化的核心精神。进入21世纪，电视技术、通信技术、网络技术进步，电视表现手法和内容元素的多元融合成为了视听艺术的集大成者。播出现场的还原、电话直播连线、手机实时互动、网络投票等元素被广泛运用，观众参与的深度和广度得以无限拓展。

四、政策环境的变换

模式节目为各级媒体带来节目创新思路和经济效益的同时，也不可避免地受到西方文化色彩、生活方式的同化，使得低俗、庸俗、恶俗的“三俗”现象充斥荧屏，节目的类型、形态大量同质化，个别节目甚至对公众产生极其恶劣的影响。

国家新闻出版广电总局在2011年到2017年先后出台了针对加强娱乐节

目管理的政策法规，其中，2011年10月国家广电总局下发《关于进一步加强电视上星综合频道节目管理的意见》，提出从2012年1月1日起，34个电视上星综合频道要提高新闻类节目播出量，同时对部分类型节目播出实施调控，以防止过度娱乐化和低俗倾向，满足广大观众多样化多层次高品位的收视需求。意见提出，对节目形态雷同、过多过滥的婚恋交友类、才艺竞秀类、情感故事类、游戏竞技类、综艺娱乐类、访谈脱口秀、真人秀等类型节目实行播出总量控制。广电总局还将对类型相近的节目进行结构调控，防止节目类型过度同质化。①

2013年10月，再次下发《关于做好2014年电视上星综合频道节目编排和备案工作的通知》。通知要求：坚持自主创新，加强引进管理。各电视上星综合频道每年播出的新引进境外版权模式节目不得超过1个，当年不得安排在19：30—22：00播出。抵制过度娱乐，防止雷同浪费。每季度总局通过评议会择优选择一档歌唱类选拔节目安排在黄金时段播出，其余不得安排在19：30—22：30播出；总局将对电视晚会进行调控，原则上重要节假日期间每日不超过3台。②

2017年8月，再一次下发《关于把电视上星综合频道办成讲导向、有文化的传播平台的通知》，要求继续加强综艺娱乐、真人秀节目管理调控。要坚决抵制追星炒星，影视明星参与综艺娱乐、真人秀等节目要严格控制播出量和播出时间；总局鼓励制作播出星素结合的综艺娱乐和真人秀节目；总局倡导鼓励制作播出具有中华文化特色的自主原创节目，原则上黄金时段不再播出引进境外模式的节目。③

---

① 中华人民共和国国家新闻出版广电总局. 广电总局将加强电视上星综合频道节目管理［EB/OL］. http：//www.sapprft.gov.cn/sapprft/govpublic/10551/332975.shtml.

② 中华人民共和国国家新闻出版广电总局.明年上星综合频道公益性节目将增加“主旋律”“正能量”“鼓励原创”是关键词［EB/OL］.http：//www.sapprft.gov.cn/sapprft/contents/10596/333961.shtml.

③ 中华人民共和国国家新闻出版广电总局. 总局加强电视上星综合频道管理［EB/OL］.http：//www.sapprft.gov.cn/sapprft/contents/6582/346393.shtml.

这些政策法规的实施，对上星频道的娱乐节目来说无疑在政治导向、价值取向、格调基调等方面提出了更新、更高的要求，而同时也使得部分模式节目在视频网站获得更加多元化的发展空间。

在这些因素的驱动下，传统媒体和新媒体联袂交出了一份答卷，内容丰富、形态多样的模式节目应运而生，在互联网视听领域呈现井喷式发展，戛纳国际电视节、北美国际电视节、首尔国际电视节上人头攒动的场面想必对中国媒体人不陌生。而近十年来，模式节目都带给了观众哪些形态的节目呢？

第二节　模式节目的形态

一、什么是节目形态

电视节目形态是指电视节目相对稳定的内部和外部特征，是电视节目制作者为了不同的目的、适应不同对象、根据不同内容而采取的对电视符号的加工和处理方式中相对固化的部分，它指向相对稳定的节目特征。电视节目形态涉及电视节目内容和结构方式、表现方式等方面，在层级上，它处于电视节目类型之下而略高于电视节目个体。并不是所有的电视节目都具有形态意义，有些电视节目甫一诞生可能就意味着一种新形态的产生。但有些模仿和克隆的节目只会增加节目数量，却不会对电视节目形态做出贡献。[①]

① 张小琴，王彩平.电视节目新形态［M］.北京：中国广播电视出版社，2007：3.

二、模式节目形态

正如上文所述，电视节目形态处于电视节目类型之下，可见电视节目形态的界定是基于传统的电视节目分类方法。然而目前就全球范围节目来看，模式节目在真人秀节目的发展中已经较为成熟，因此本文仅就此类节目加以总结如下：

表1.1　竞赛类节目

	竞赛类	模版
游戏竞赛类	浙江卫视 《奔跑吧，兄弟》	韩国SBS *Running Man*
职业竞赛类	中央电视台 《赢在中国》	美国NBC *The Apprentice*
平民才艺类	东方卫视 《中国达人秀》	美国NBC *America's Got Talent*
明星才艺类	东方卫视 《舞林大会》	美国ABC *Dancing With The Stars*

表1.2　非竞赛类节目

	非竞赛类	模版
生活服务类	江苏卫视 《非诚勿扰》	英国 *Take me out*
换位体验类	湖南卫视 《变形记》	原创
特殊任务类	东方卫视 《花样爷爷》	韩国tvN电视台 《花样爷爷》

三、模式节目未来的本土化走向

模式节目能否创造社会现象，不是购买版权、复制模式这么简单。国外成功的模式落地后水土不服的情况屡见不鲜。因为文化背景、观众基础等差异导致的节目夭折不在少数，究其原因还在于“外来的和尚会念经”这类拿来主义思想作祟。如何才能在借鉴国外成功模式的基础上进行本土化改造呢？

首先，适度地民族化。每一个民族在历史洪流中都会留下一些独特的烙印，伴随着一代又一代的传承被慢慢固定和沉淀下来，这就是民族文化。比如：英国的贵族气质、日本的唯美细腻、韩国的尚武和颠覆性创新等，而这些丰富的文化色彩会直接投射到各个民族的日常生活、娱乐风尚、思维方式等方面。因此，我们在制作电视节目时，应当突出并强化我们的民族特色。这一点在近年来风靡国内的韩国模式节目中可见一斑。1997年的亚洲金融危机后，1998年金大中任总统后，韩国确立新的发展战略，认定文化产业是21世纪最重要的产业。2002年通过国家预算拨款、投资组合、专项基金共融资文化产业事业费5000亿韩元（约合290亿元人民币），为文化创作和基础设施建设、营销和出口、人才培养，各投入1700亿韩元（约合98.6亿元人民币）、1870亿韩元（约合108亿元人民币）、1430亿韩元（约合83亿元人民币）。韩国还设立文艺振兴基金、文化产业振兴基金、信息化促进基金、广播发展基金、电影振兴基金、出版基金等多种专项基金。①

不仅如此，作为邻国的中国深切感受到了这股“韩流”，他们完美地把欧美的工业化操作体系和亚洲的生活方式、情感呈现方式相结合，在动

① 宋魁，郝剑锋.文化对韩国经济发展的影响［J］.学习与探索，2005（06）.

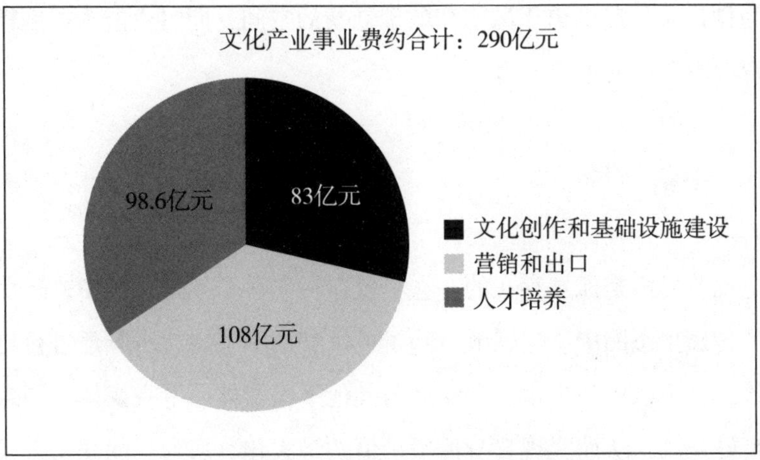

图1　2002年韩国文化产业事业费预算比例

漫、影视剧、汽车、电子产品、音乐、服装、美容整形、饮食、家居等方面潜移默化地改变着国人的生活习惯，不得不说这是把科技和人文相结合的成功典范，也让韩国在世界范围内彰显了其文化自信。

相对而言，保证部分西方真人秀电视节目收获高收视率的元素——即性、隐私、残酷竞争和博彩，其核心是“窥私”，往往在国内遭受批评，原因是我们的意识形态、文化传统和观众的审美习惯与欧美不同。因此，我们只能从中国受众的文化意识出发，从“窥视别人的隐私”到与模式节目一同参与、体验节目所设定的环境与空间，让观众在这个空间里，真实地体验生活。简而言之，讲好“中国故事”，让观众在别人的故事里流淌自己的笑或泪。

其次，树立品牌意识。金杯银杯不如观众的口碑，好节目要创造传奇，首先得有产品观念和品牌意识。同仁堂长盛不衰的秘诀就在“炮制虽繁必不敢省人工，品味虽贵必不敢减物力”两句话中。目前市场上“天下节目一大抄”的同质化现象泛滥，这无疑纵容了盲目跟风抄袭的陋习，更加速了现象级节目的消亡，红极一时的“选秀时代”稍纵即逝就是最好的例证。节目要有常做常新的必杀技，相关部门也要加大监管的力度，这样才能为创作人员提供勇于试错和敢于创新的空间，同时也能为原创模式节目培育健康发展的肥沃土壤。

四、小结

电视节目不是孤立存在的，它不仅存在于一个频道系统中，还存在于更大的传媒生态圈中。电视节目除了可以利用本节目、本频道进行自我宣传之外，还可以主动出击，广泛地与其他平面媒体、电视媒体、网络媒体进行良好互动，从而实现自身传播价值的最大化。系列化的联动方式，不仅可以通过多种方式获得收益，而且有利于形成和扩大节目的影响。当代电视节目已经告别了单打独斗的时代，处于电视节目系统的层层架构之中，面临全新的系统视野。这就是在曾经唱衰广播的一片喧嚣中，我们却惊奇地发现现如今广播比电视活得好的原因。同时电视节目生产也已经告别了自产自销的年代，处于从策划、制作到营销的市场化生产链之中，成为一项系统工程，而贯穿于电视节目生产全过程的电视节目创新已经不再是即兴、零散、个体的活动，而是上升到了科学、系统、全局的层面，成为一项系统创新。①

因此，本书将结合目前市场上经典的、现象级的、有争议的节目模式，分析当下中国的模式节目领域可供总结的本土化规律，以期为节目的研发、策划、制作等提供相关经验和理论依据。

① 欧阳国忠，史红涛.《乡约》的两剂“强心针”：品牌经营与节目创新［J］.媒介方法，2006(05).

第二章

真人秀节目五大元素

在研究真人秀节目的过程中，本书将按照先总结共性，再分析个性的原则，先提炼各类真人秀节目共同的结构元素，再梳理其各自的特点和本土化的结合点。因为不同类型的真人秀存在巨大差异和壁垒，因此并没有完整的理论体系可以递进或成系统地套用到全类型的真人秀。我们只能将它们划分为不同类型的真人秀节目，并采用抽丝剥茧式的方式，按照不同的类型、选择不同的案例进行分析。本章就先从共性入手。

在各个类型的真人秀节目中，我们会发现，现象级的真人秀节目大多都满足了节目中永远离不开的五大元素，通常都是在这五大元素的基础上融合一些不同的节目元素，使节目更具可看性。这五个元素分别是：叙事手法、规则设置、纪实手法、规定情境、剪辑手法。接下来我们将分别来看一下，这五大元素究竟指什么，又是如何应用在节目之中的。

第一节　叙事手法

对于一档节目来讲，永远离不开叙事，尤其是对于真人秀节目来说，更需要通过叙事来使节目内容更富戏剧性，使节目情节更加丰富，更加好看。在分析真人秀节目中主要的叙事手法之前，我们首先需要知道真人秀节目的叙事主体都有谁，也就是节目的参与者究竟都有谁，对于真人秀节目来讲节目的参与者并不只有参赛者选手本身，主持人、评委同样也是节目的叙事主体。

一、叙事主体

在真人秀节目中，最大的看点就是人，表达主体也是人，人物成为观众最为关注的看点。观众们关注真人秀节目中每一个人的任务变化、命运变化、性格变化等。在真人秀节目中叙事主体包含：主持人、评委、选手。他们作为故事主体和观众观看客体的人物元素出现在节目之中，在节目中他们的一些反应也会使节目更具冲突性和可看性，三者的配合下完成了节目的构建。

1. 主持人

对于真人秀节目来讲，主持人是一个需要把握分寸感的角色，因为他们在节目中需要做到既完成自己的任务，又不能够抢走主角的风头。这个角色在真人秀节目中十分重要，他们的任务不仅仅是把控节目进程、串联引导选手，还需要拥有调动选手情绪的能力，把选手不为人知的一些内容挖掘出来呈现给受众，成为连接观众与嘉宾的桥梁，使节目内容更具可看性和吸引力。当这些嘉宾选手的形象在主持人的帮助下变得越来越丰富饱满的时候，主持人就很好地帮助节目完成了叙事。但是我们在这里提到的主持人并不一定要出现在节目之中，如今真人秀节目的主持人存在方式正在发生改变，越来越多的真人秀节目开始采用隐藏式主持人。

例如在湖南卫视的明星才艺竞赛类真人秀《我是歌手》这档节目中其实共有四种类型的主持人，这四种类型的主持人分别是："角色式"主持人、"传统式"场外主持人、"跨界式"主持人、"隐藏式"主持人。"角色式"主持人指的是在节目当中充当竞演歌手经纪人的一些专业主持人们，在节目中他们通常以"经纪人"的身份存在，在后台陪伴歌手们一同观看节目，在节目中这些"角色式"主持人常常会在暗中把控节奏，帮助选手调节情绪，这些"角色式"主持人在某种程度上也帮助节目完成了叙事。

除了“角色式”主持人之外，《我是歌手》中更重要的一个主持人角色就是节目中的“隐藏式”主持人，这一角色经常会被忽略，这种“隐藏式”主持人指的便是《我是歌手》的节目总导演洪涛，在节目中他一般负责：解读赛事规则、宣布歌手得分、公布淘汰结果。这些都是节目中非常重要的流程，但是洪涛却并不以主持人的身份出现，这就是“隐藏式”主持人。他是在节目中实际推动节目进程的人，在节目中洪涛经常喜欢在公布结果时卖关子，这其实也是他作为“隐藏式”主持人在调动大家情绪，烘托渲染节目公布结果时紧张氛围的一种表现。这种“隐藏式”主持人可以在一定程度上拉近与嘉宾以及与受众之间的距离，推动节目的叙事进程。除此之外，在其他的节目中也有很多“隐藏式”主持人，但无论是哪一种主持人，都是真人秀节目中的重要叙事主体。

2. 评委

真人秀节目中选择的评委多是一些名人或某一领域的专家。他们需要用专业的眼光来做出评判，其实这也是传递知识、使节目更具教育意义的一种体现。他们的出现也会使节目更具说服力和专业性。对于很多类型的真人秀节目来讲，这个角色是必须存在的，因为对于一个专业水准比较业余的观众来讲，他们对于很多领域的内容并不是完全理解的，在这些评委的引导下会更加透彻地理解这些嘉宾选手的行为。在一定程度上，评委的存在可以拉近选手与观众之间的距离。这些评委的表现和与选手互动的过程也是节目中很大的看点。

在真人秀节目中选用的评委大多是很贴合节目风格的，并且选择的评委也并不都是同一风格，审美标准有时也各不相同，所以常常会因此而发生争执，评委/导师之间的摩擦碰撞也使节目更加好看。

例如在明星才艺竞赛类真人秀《星跳水立方》中，跳水运动本身并不是所有观众都了解的领域，对于很多明星的表现观众并不清楚结果如何，所以在节目中会选择一些专业的评委、裁判来对选手们的表现进行打分，还有专业的教练们对选手的动作做出点评，这些点评会把原本专业的动作用最简单且最容易理解的语言讲解给观众听，使观众对比赛结果产生认同感。在节目中会有最专业最顶级的跳水运动裁判，更有最专业的跳水比赛规则，使整档节目更具专业性。节目中还邀请到奥运冠军担当教练，更请到国际跳水裁判进行现场打分，完全按照奥运会跳水比赛转播规格进行录制。

再如《顶级厨师》中的评委是由国内明星、顶尖厨师及美食家担任，这三种来自不同身份的评委可以带领着观众从不同的角度解读这些美食：色泽、摆盘装饰、味道、口感、手法都可以成为他们解读的关键，但是如果只是观众自己看节目的话，则常常会忽略这其中的一些关键。所以评委也常常是帮助节目完成叙事的关键，并且在评委与观众的互动中也可以使节目的故事性更加完整。

3. 选手

选手是整档节目中最重要的叙事主体，节目中所有的矛盾、冲突、故事情节都要以他们为中心展开。在节目中选择的选手通常都是有很大的个性差异的，在节目前期选角的过程中甚至会给一些选手贴上标签，做人物设定，就是为了让每个人的人物性格差异比较明显，这样也利于日后节目的任务安排与情节设计。不同性格的选手在面对同一件事时一定会有不同的看法，当不同的见解产生时，将会爆发出冲突与矛盾，节目的看点也就自然而然地产生了。

例如在《爸爸去哪儿》中，每一季选择的几对父子都是性格十分不同的，并且反差都比较大，在五季节目中有各种类型的老爸：硬汉老爸陈小春、厨艺担当老爸黄磊、搞笑老爸沙溢、佛系老爸杜江、甜宠老爸吴尊等。每一位老爸的性格都各不相同，育儿方式和理念也不相同，所以在节目中就会与孩子们碰撞出许多火花，也使节目更加好看，推动了节目的叙事。但是不仅仅在这一档节目中会选择具有差异性的参与者，所有类型的真人秀节目都会选择富有个性的参与者，这样才会使节目更加好看。在真人秀节目中，通过对于参与者形象的刻画让我们能够从平凡人身上感受到他们不平凡的地方，也能够从不平凡的人身上感受到他们普通的一面。

二、主要叙事手法

在任何一类节目之中，观众都需要有能够观看下去的动力，这种动力就来源于节目中叙事手法的运用，这种叙事手法使观众不断地被节目内容所吸引，并引发观众强烈的观看欲望。在真人秀节目中通常会使用三种叙事手法来使节目更具戏剧性，这三种叙事手法分别是：制造悬念、制造冲突和制造竞争。接下来我们将具体分析，看一看真人秀节目中如何合理且有效地利用这三种叙事手法来完成叙事。

1. 悬念

悬念是推动节目、观众和故事发展的动力元素，对于观众来讲，节目中对于悬念的制造往往能够吸引观众继续收看下去，也能够刺激观众的好奇心。对于节目本身的故事情节来讲，这种悬念的设置也是推动剧情发展的重要手段。在《电视节目策划》一书中曾经提及悬念的概念："悬念主要是在艺术创作的过程中吸引观众眼球和注意力，同时造成受众急切寻求原因或结果的心理的一种手法。如果可以很好地对悬念进行一定的设置，可以使受众一直对对象投入一定的关注度，从而吸引受众持续看下去。"①

悬念的具体表现方法大致分为："首先是着眼于叙事结构变动的悬念表现方法。探索新颖的叙事结构，打破传统的由原因到结果的叙事方式，不仅可以调动观众的好奇心，还可以使整个节目的制作体现一定的艺术效果。另外一种方式就是合理使用问题来设置悬念。目前最有效的使用就是

① 王井，智慧.电视节目策划［M］.武汉：武汉大学出版社，2012：148.

常常将叙事中最异乎寻常的点挑出来，最先叙述，然后随着节目的推进一步步找出答案。这种方式往往将叙事的过程放在最重要的位置，在探索原因的过程中吸引观众的眼球，从而达到收视目标；其次是在叙事过程中对叙事进程进行人为地控制，由于观众的感情是随着叙事进展而不断起伏的，所以这种方法还可以对观众的情绪进行一定的控制。”[①]这就是悬念感的构建方法，我们可以利用这种方法来完成真人秀节目的叙事。这种叙事手法最常运用在游戏竞赛类和才艺竞赛类真人秀节目中，让观众能够透过这种悬念对结果产生期待，实现节目对于观众情绪的掌控。

在不同的节目中，对于悬念的设置有不同的方法，例如在《我是歌手》中，通常使用的设置悬念的方法就是“隐藏式”主持人在公布结果前总是会不断地卖关子，通过自己的语言和表情烘托渲染公布结果时的紧张氛围，而在主持人的渲染下，观众的情绪也会不断地产生起伏变化，并对结果产生期待和好奇，这便是节目设置悬念的一种方式。

2. 冲突与竞争

在真人秀节目中，最常见的规则设置通常是淘汰与选拔，那么在淘汰与选拔的过程中就少不了竞争，有了竞争就必然会有冲突，在真人秀节目中最为常见的冲突体现就是：情节和人物的冲突。情节上的冲突指的是：“一般有三种情节设计：大情节设计、小情节设计、反情节设计。大情节设计是经典情节设计，从节目开始到结束是线性叙事、因果关系、前为因后为果。节目采用闭合式结局，结尾真相大白、中国式的大团圆结尾、所有谜底在最后告诉观众。小情节设计一般是多视角叙事，多个主人公，开放式结局，人物的困境、选择的难题最后未必解决。主人公比较被动，比如因为别人而成为某节目的嘉宾，因而存在着内在强烈的心理冲突。反情节设计是冲突最强烈的一种，因为反情节设计一般不强调情节或因果关

① 王井，智慧.电视节目策划［M］.武汉：武汉大学出版社，2012：150.

系，反情节设计强调的是巧合，一般也不是线性叙事 。”[①]而人物的冲突则体现在人物在达到某个需求时与他人发生冲突。“一般节目设置会考虑两大关系，即现实关系和戏剧关系。因为血缘、家族、工作、社交、教育、居住环境各种历史渊源形成的既定关系叫现实关系。如：同事、邻里、同学、夫妻。因为人物的需求、性格而与其他人发生的关系，即由特定的事件形成的特定关系叫戏剧关系。现实关系是人物出场的条件，一般在节目中现实关系要求尽量与戏剧性关系结合。其次是人物性格冲突，是人物内心的冲突。一般在设置人物内心冲突的时候，节目会考虑两难选择，一般就是将人物设置于两难选择之中。”[②]这些冲突的设置往往会成为推动节目进程的关键因素。

除了我们之前所提到的情节和人物冲突之外，我们会发现真人秀节目中，每一期节目往往会有一个特定的环境背景和主题，参与者们要拼尽全力完成节目中的任务，而在完成任务的过程中常常会产生竞争，这些竞争会使这些参与者的命运变得更具戏剧性，这些竞争也成了形成人物关系和情节变化的结构元素。参与者们在执行任务的过程中，无法避免地要产生接触，每一个组内可能会因成员关系不和谐而产生对抗和竞争，甚至会因为组内成员身份不明确互相猜忌而彼此怀疑，也会因对任务内容或执行任务的方式，包括游戏的进度安排、责任的分配、权力的配置出现异议。这类竞争会贯穿整个任务完成的过程，与此同时，在对抗成员之间也会逐渐产生竞争，会为了争夺最后的胜利而一同竞争。这个竞争的过程就是节目的情节展现过程，节目中的冲突与竞争的激烈程度就是节目是否好看的关键。

① 王井，智慧.电视节目策划［M］.武汉：武汉大学出版社，2012：151.

② 王井，智慧.电视节目策划［M］.武汉：武汉大学出版社，2012：152.

第二节　规则设置

在真人秀节目中，通常都会有一些节目规则的设置，对于不同类型的真人秀节目，节目的具体规则也不一样，但所有的真人秀节目在规则设置上通常都会遵循一点：淘汰与选拔。通过淘汰与选拔来推进节目进程，这一机制是决定人物命运戏剧性转折的重要环节元素，所以规则的设置对于真人秀节目的创作来说是十分重要的。

在一档真人秀节目之中，参与者一般都会有不同的分工，扮演着不同的角色，甚至会划分成不同的群组，在这些成员之间通常会围绕着他们需要完成的任务展开对抗，这就使整档节目更具可看性。“电视真人秀节目整体规则的构成一般会考虑四个元素：目标、游戏规则、角色划分和成员关系。节目在前期策划过程中，创作团队就需要依据目标任务来设置相应的游戏规则、定位角色、搭配成员，从而组织群组共同完成节目设定的目标。真人秀群组成员（节目参与者）由于共同的群组目标聚集在一起，彼此相互依存和关联，子规则设置是用来管理和限制群组成员的行为，明确哪些行为是被允许的，哪些是不被允许的，它为群组行为提供努力的方向，使群组成员间相互影响、相互作用。节目参与者群组形成的初期，参与者需要花大量的时间来习惯或是适应其在群组中的角色定位，以逐步达到该角色的要求。如果不能胜任角色要求，则被淘汰。”①

目前我国真人秀节目在规则目标的设置上，通常会结合一些社会热点、民生问题与特定的时代背景来设置一个目标主题任务，但具体还是通过游戏、竞技的形式来完成。在目标任务的设置上会体现出我国的风土人

① 邹欣.电视真人秀节目规则设置策略分析［J］.电视研究，2015（11）：40-41.

情和对于我国观众正确价值观的引导。在不同类型的真人秀中，对于规则的设置也往往是不同的，但是所有规则设置的本质都是淘汰与选拔。有很多节目会在这个基础上披上一层“主题任务”的外衣，这种方式在游戏竞赛类真人秀中体现得最为明显，例如在《极限挑战》和《奔跑吧兄弟》中，每一期节目都会有一个特殊的故事背景，在每一期节目中所有的任务都是围绕这一特殊的故事背景展开的，例如在《极限挑战》第四季的第四期节目中，极限男人帮穿越回到1984年，感受改革开放之后，温州乐清人是如何下海经商，一步步靠着自己的双手走上致富之路的。他们先是在人力市场获得就业机会来赚取第一桶金，后又在开办工厂、销售健美裤的竞争博弈中体验经商不易。节目将他们放置于一个特殊的时代背景下，极限男人帮的成员们通过完成经商这一任务产生对抗，并不断地完成其中的子任务，例如开办工厂、销售健美裤等。这些对抗使节目更具冲突性。这种规则的设置也在一定程度上帮助节目完成叙事，这种富有故事性的方法也是吸引观众观看下去的关键。

在很多类型的真人秀中，也会有一些比较新颖的规则设置方法，打破了传统的单纯的游戏。例如美国职场竞技类真人秀节目《学徒》，这档节目成了很多商学院学生们的参考片和参考案例，甚至有很多职场新人通过节目梳理出自己的一套职场指南，通过这一节目也能够了解到一些商业社会的需求。在《学徒》这档节目中，每一季的节目中都会有16位有野心、有能力、有学历的商界精英参加，他们将会在节目中通过完成一系列的任务，来赢得美国著名地产大王唐纳德·特朗普的赏识，最终在特朗普的地产王国中得到一份年薪25万美元的工作。在每一期节目中特朗普都会发布一个不同的任务，但这些任务多半是作为一名经商者需要具备的技能，例如通过街头竞争生存术在街头搭起摊儿卖柠檬水，以此来测试他们的销售技术和街头生存能力；在一个破旧、需要装修的对外租赁的空房中，举办艺术展和摇滚音乐会；卖喷射机广告；利用1500美金进行十项消费等。特朗普通过这些任务中他们的表现在每一期节目中淘汰一位参与者，并在最后选择一位学徒。这种规则的设置使节目的故事性和冲突性更强，其中的节目内容也更具教育意义，而不只具备娱乐功能。很多观众通过每一期节目的规则要求和失败案例分析出参赛选手的失败点，找出了正确的解决方案和应对措施，同时观众也能够透过节目引发一些共鸣，找到自己在职场中经常会遇到的一些状况，从中吸取经验教训。其实这正是这档节目想要达到的目的与效果，让更多人能够不仅仅只是观看一档职业竞赛类节目，更多的是透过一档节目了解到现如今商业社会所需要的人才究竟是什么样的，当自己面对同样的问题时该如何解决。

第三节 纪实手法

真人秀中的纪实手法通常有两种，一种是现场记录，另外一种是现场追述。现场记录是对真实细节的还原，真实地记录现场所发生的全部情况以及每一位参与者的真实反应。现场追述是指节目的参与者会在事后追述之前参与过程中所发生的一些事情，并穿插在现场记录的一些片段之中，通过节目制作者的灵活编辑对节目故事情节进行建构。

节目中的现场追述通常会使用“倒叙”或“插叙”的方式，对于现场追述的使用可以弥补前期拍摄资料内容不完整的缺陷，在一定程度上，这种补充叙事可以起到强化主题、烘托人物内心情绪、突出强调细节、解释说明情节内容、刻画人物形象、丰富故事情节等作用。在很多类真人秀节目中都经常用到现场追述，例如在《爸爸去哪儿》《我是歌手》等节目中，参与者们通常要在现场记录开始前和现场记录结束后参加采访，参与者们在事情发生前对即将发生的这一事件做出一个预判，通过这一预判来制造悬念，让观众对接下来的结果产生好奇之心。同时参与者们在事件发生后也常常会对之前的行为作出分析，描述事情发生时的心情以及对于自己处理方式的评价，表达出自己的真实想法。例如硬汉老爸陈小春在《爸爸去哪儿》第五季中，总是忍不住对自己奶萌的儿子发脾气，发脾气过后又总是会对自己的行为进行反思，所以陈小春在现场追述的环节中经常会吐露自己的心声，反思自己对于儿子的态度，并称赞自己的儿子乖巧懂事。这些话往往是父子之间很难直接表达出来的，但是爸爸们可以通过这样一种方式吐露自己的心声，在这个过程中这些参与者的人物形象变得更加立体饱满了。

在其他节目中也有很多利用现场追述这一纪实方法来使人物更加饱满的例子，例如在才艺竞赛类节目《中国好声音》中会有一些对选手和选手的家人采访的片段，这些采访内容常常是为了挖掘出一些观众所不知道的选手背后的故事，使这些选手的人物形象更加饱满，也使观众对于他们的行为更能感同身受。在《中国好声音》第三季的一期节目中，有这样一位歌手深深地打动了观众们的心，他的名字叫周深，声音十分与众不同，有着干净透彻的嗓音，声线像女生一样细腻。所以导师们在转身之前还以为他是一位亭亭玉立的姑娘，还在评价说："这女孩儿唱得挺好的"，没想到却是一位小伙子。对于这位小伙子来讲从小到大也有着一件让他烦心的事情，在他出场前就通过一段采访的视频短片让观众认识了这位"与众不同"的歌手。

> 周深："我叫周深，今年21岁。我是贵州贵阳人，我家里的人都不高，我也很矮，一米六一。有的时候去童装店看，居然还发现比自己大的尺码，我就伤心了。小学三四年级的时候，被音乐老师发现，就是我在上合唱课的时候不会跑调，然后就被老师招到合唱团去。因为父母觉得我长得可能不是走歌手这条路线的料儿，（我）就默默地把这个梦想放进了心里。有的时候只要放学一有时间，我就会偷偷地躲在电脑面前对着麦克风使劲儿地唱，只有唱歌的时候，我才特别开

心。《中国好声音》是一个不在乎外形、不在乎身高的舞台，我就想来试一试，能够在4位导师的面前唱歌，是非常难以想象的事情。但是我不知道，他们是否会喜欢我的声音。”

透过这段采访的内容我们就会知道，这位“与众不同”的歌手，不止声音与众不同，甚至身高和外形也显得有点格格不入，这些都是他不自信的来源，他希望通过这样一个不在乎外形和身高的舞台来证明自己。许多现场追述常常通过这样的方法使选手们的人物形象更加饱满，让观众看到他们身上与众不同的地方，也能够了解到他们在舞台背后的压力和故事，这是拉近观众与选手之间距离的一种有效方式。

第四节　规定情境

规定情境，是苏联戏剧家斯坦尼斯拉夫斯基首先提出的。他在《演员自我修养》中解释了“规定情境”的含义：“规定情境是人物所处的环境、情况、人物关系、人物的精神生活和心理状态（如生活目标、意向、欲望、动机、思想、情感等）。在戏剧创作中，规定情境是最有活力的因素，它左右着戏剧的发生与发展。”[①]而电视真人秀节目正是运用了这一元素，才使得节目起伏跌宕，扣人心弦。但是对于真人秀节目来讲，它的规定情境与戏剧中的规定情境不太一样，在真人秀节目中，导演并不能完全决定选手的结局走向，选手的行为、对话等，导演更多的只是利用提前设置好的情境和游戏规则引导选手的走向，选手仍然需要自己发挥完成。那么在真人秀中，规定情境究竟指的是什么呢？

① 斯坦尼斯拉夫斯基.演员自我修养［M］.桂林：广西师范大学出版社，2013：35.

一、环境的规定性

在真人秀节目中，规定情境通常指的是导演精心设置的一些特殊任务背景和环境的规定性，比如在《奔跑吧兄弟》第三季的第一期节目中，节目的主题就是“垃圾分类”，在节目中兄弟团和嘉宾白宇为杭州市数千万名环卫工人送上一亿元保险。通过风车跳绳、空气炮辨别垃圾、实地体验垃圾处理以及智力问答等比拼决出“垃圾大王”“垃圾王中王”的称号。这是一场嘉宾们为了环保而展开的争夺战。这些特殊的环境背景制约了节目的内容，使嘉宾们的表现更加具有可看性和冲突性，嘉宾的目标都十分明确，大家都在为最终的胜利做出努力，展开对抗。

这种特殊环境的设置也会增加悬念感，让观众对游戏的过程和结果产生期待。例如《变形计》中，原本只是普普通通的两个孩子，当他们互换了身份后，桀骜不驯的城市少年来到农村，未经世事的农村孩子来到城市，会产生什么不一样的故事？这就是将他们置于规定情境下所带来的一种期待感，这种规定情境也是形成故事假定性的情景元素。

二、人物关系的规定性

真人秀节目中除了环境的规定性外，还有在这一规定情境中产生的人物关系的规定性，在叙事过程中，选手们通常会被“人为的”分配到一起。节目组通常会按照每个人不同的性格以及角色分工，将这些选手合理有机地进行分配。在完成任务的过程中，这些选手将会产生矛盾、摩擦甚至冲突，这就是人物关系的规定性。

在不同类型的真人秀节目中常常会按照不同的标准来给选手做人物设定，并有机地将他们分配在一起，例如在《奔跑吧兄弟》中，透过几位主持人的绰号就可以大致了解每个人的性格和所扮演的角色，节目组更是给这些主持人们组起了“CP”（配对），使节目变得更加具有看点。在《奔跑吧兄弟》中，邓超作为跑男团团长是实至名归的操心队长，年纪最大，“在节目中要照顾队员，要协调游戏节奏、氛围，当队员被逼到死角的时候及时上前营救并扮演着奔跑团和嘉宾之间桥梁的角色。尽心保护队友，努力制造快乐，从来都是队长一肩承担的职责”[①]。所以在跑男团中，邓超常被叫的绰号是“老邓头”。李晨在队伍当中是实至名归的力量担当，练就一身肌肉，“为了节目增肥健身，只为有足够体力和未知对手对决。力大无穷却又母爱泛滥，可以承包体力游戏又能兼顾保护队友”[②]。力气大的像一头老牛，在节目中的绰号是“大黑牛”。陈赫在组内被称为逻辑担当“天才陈赫”有“贱萌”之称，自封“天才”，乐天派的外表下隐藏着一颗深思熟虑的心，勇敢机智，越战越勇。欲借“解牛”之功玩转各种烧脑游戏。[③]在节目中每一个人都会有不同的角色和分工，在每一期节目中，节目组都会按照每个人不同的性格将群组打散，让他们彼此之间产生冲突、怀疑、对抗，这种规定情景的设置和规定人物关系的设置使节目的戏剧性变得更强，节目内容更具吸引力。

第五节 剪辑手法

在真人秀节目中，节目的第五大元素剪辑手法也是非常重要的。“现代

① 新浪娱乐.《奔跑吧》邓超操碎心：这队长不好当！[EB/OL].http：//ent.sina.com.cn/z/v/2014-11-05/09274235647.shtml.

② 新浪娱乐. 李晨参加跑男甘心受虐：开始认为挺简单[EB/OL].http：//ent.sina.com.cn/z/v/2014-10-16/14214225190.shtml.

③ 新华网. 奔跑吧，兄弟陈赫自封天才 网友大呼“贱萌无敌”[EB/OL].http：//www.fj.xinhuanet.com/201411/01/c_1113074529.htm.

的剪辑学对剪辑的定义有狭义跟广义之分：狭义的剪辑是根据编导的意图和节目的要求对镜头进行选择，然后寻找最佳排列顺序和剪辑点进行组合的过程；广义的剪辑是指贯穿创作全过程的一种思维或意识，一般我们称之为剪辑意识，从某种意义上剪辑意识就是影视意识。”[①]

对于真人秀节目来讲，后期剪辑的实质性作用就是用画面去呈现导演想要讲述的故事。吸引观众最重要的元素就是故事，但通常真人秀节目以纪实为主，故事性并不是很强，除非刻意为之，节目的整体节奏也比较慢，很多观众很难有耐心看下去，这时就需要后期的剪辑团队对拍摄素材进行“二度创作”，这种“二度创作”往往会遵循导演的创作意图完成叙事内容。剪辑团队通过对故事的构造，借助情节的铺展，给节目的剧情设置一系列的悬念，从而吸引观众继续观看下去，并且始终心系结果。对于这种纪实类的节目来讲，剪辑是非常重要的“工具”，通过剪辑可以使原本比较单调的信息变得更加生动形象，也能够使原本被人忽略的一些信息点被放大。创作者常常会通过剪辑完成叙事。在真人秀节目中常见的剪辑手法有两种：传统剪辑和表现性效果剪辑。传统剪辑比较容易理解，就是将原本比较完整的纪实性画面进行剪切，将一些无用信息剔除，保留有效信息。这种剪辑手法经常适用于访谈节目和新闻节目，但是在真人秀节目中最常用的往往是表现性效果剪辑，因为这种剪辑方法会使内容更加鲜活，是一种艺术加工形式，可以强化故事的感染元素。例如在《中国好声音》中，就有一个比较典型的例子,《中国好声音》这种才艺竞赛类节目常常会为了节目效果，将出场顺序和时间进行打乱剪辑，将节目中一些冗长无用的片段剪掉。调整出场顺序可以使节目的节奏更加紧凑，效果也能达到事半功倍。例如在《中国好声音》第一季的第一期节目中，就有这样的情况，第一个出场的是一位学生，她的出场让人尤为印象深刻，她被誉为

① 冯革.剪辑要符合观众的思维习惯［J］.记者摇篮，2010（02）.

“黄大嗓”，刚登台就把鞋子脱掉，光着脚以一首《Rolling in the deep》震撼了全场，被誉为“赤足女孩”。在节目中，那英更是脱掉鞋子光着脚在台上和她互动起来，使整个节目的氛围都更加热烈，现场一片躁动，很好地调动起观众的热情，为节目开了一个好头。但是透过节目中的一些信息我们就会发现，“黄大嗓”其实并不是第一位出场的选手，而是节目组有意通过剪辑将她放在第一个出场，这就是剪辑的作用，使节目的内容更加鲜活，节目的效果更加热烈，也使节目更具感染力。

对积累的大量节目素材进行后期加工和剪辑，可以运用一系列手法进行表现、叙事，比如说通过对比、交叉、平行等方法，强化节目的戏剧性。同时，利用悬念剪辑点、相似物体转场、时间冻结等剪辑手法，使节目的悬念感更强。在设置悬念时，剪辑师也常常会在最关键的时候放慢镜头，甚至不断地在多个镜头间来回切换，突出人物的情绪和周围人的反应，让观众伴随着节目的节奏一同屏住呼吸。剪辑时也可以通过很多方法来烘托节目氛围和人物的情绪，比如说利用字幕、音效、情感性的音乐等来突出强调人的情绪，甚至放大人的情绪。也会用一些搞笑的和具有网感的视听效果来包装节目，增强节目的喜剧效果。在很多竞赛类真人秀节目中常常利用这种剪辑手法，增加公布结果时的紧张感以及游戏过程中的紧张感等。

五大元素最初并不是来源于真人秀节目，但是当我们分析各种类型的真人秀节目后会发现，所有好看且受欢迎的真人秀节目一定少不了这五大元素，叙事永远是节目中吸引观众的最大武器。有了故事性，节目内容才会对观众产生黏性，也才会吸引观众继续关注下去，那么这种黏性究竟从何而来呢？这就需要在前期策划中多下一些功夫，需要根据不同的节目类型、播出平台，并针对不同的受众订制独特的内容，并通过规则的设置、规定情境和规定人物关系的选择来帮助节目完成叙事，通过悬念的设置、冲突、竞争来使节目的对抗性更强。在中期拍摄的过程中节目组也要有敏锐的嗅觉，能够精准抓住可继续挖掘的信息点进行深挖。在后期加工时根据前期的创作意图和实际记录的信息进行整合和梳理，再进行二度创作，也就是“剪辑”，使故事性、戏剧性冲突变得更强。任何节目都离不开故事，所以真人秀节目的创作者一定要稳稳地扎根于叙事这一土壤之中，合理掌握节目的五大元素以及叙事方法。

第三章

游戏竞赛类真人秀

在前面的章节中，本书就模式节目的共性进行了梳理，从本章开始将按照节目类型对六类常见的真人秀模式节目进行个性化的分析。

从2000年到2018年，真人秀节目逐渐出现在公众的视野之中，占据了我国电视综艺娱乐节目市场的半壁江山，在这期间我国也出现了很多现象级的真人秀节目，这些真人秀节目种类繁多，形式也各不相同，它们的出现为我国的综艺市场带来了巨大的活力。真人秀节目的种类繁多，形式也比较复杂，从制作方式看，我国的真人秀节目共有两种类型：从国外引进后进行本土化改造的真人秀和原创真人秀。从内容来看，又大致可以分为两大类：竞赛类真人秀和非竞赛类真人秀。竞赛类真人秀中又可以根据节目类型进行细致地划分，在这里我们把它划分成：游戏类真人秀、职场类真人秀、才艺类真人秀三类。在本章中我们将主要分析研究游戏竞赛类真人秀中的一些看点和这一类型的节目进行本土化改造后的一些独有特点。

第一节　游戏竞赛类真人秀典型案例介绍

在众多的真人秀节目中，游戏竞赛类真人秀以其强烈的对抗性、趣味横生的游戏环节设置、选手在其间的表现等赢得受众的欢迎。其中尤其以浙江卫视的《奔跑吧兄弟》和东方卫视的《极限挑战》受到的关注为甚，下面就来看看这两档具有代表性的节目。

一、《奔跑吧兄弟》节目介绍

《奔跑吧兄弟》是浙江卫视推出的一档明星游戏竞赛类真人秀节目，开播于2014年10月10日，《奔跑吧兄弟》的版权引进于韩国SBS电视台（首尔广播公司）综艺节目*Running Man*，截至2020年9月共播出八季，该节目虽然源自经典韩国综艺模式，也基本照搬了原版成熟的制作模式，但从游戏安排、道具制作，甚至情节设置等各个环节还是进行了很多的本土化创新。每一期节目中共有七名主要成员和若干嘉宾，每一期《奔跑吧兄弟》中“跑男团”与嘉宾先前往各个任务地点进行前期任务、游戏竞技，由胜出的队伍或个人获得对最终任务有利的提示或一些权力，最后在最终任务地点进行终极比拼。

《奔跑吧兄弟》是中国游戏竞赛类真人秀中一档现象级的节目，在每期节目中，嘉宾们都要在自己的身后贴上写有自己名字的名牌，名牌被撕掉就意味着出局，胜利者会获得一定的奖励，失败者则会受到惩罚。因此每位成员都会想方设法地保护自己的名牌，而他们为了保护自己名牌所做的一系列搞笑反应，也就成了整档节目最大的看点。嘉宾和几位主持人之间的互动和节目的一些主要看点都通过游戏过程来展现。游戏内容以日常生活为背景，让明星在游戏过程中表现出自然、随性的一面，褪去明星的光环，让观众从节目中看到他们普通人的一面，拉近观众与明星们之间的距离。节目自开播以来，收视率也始终名列前茅。这档节目之所以能够脱颖而出，最重要的原因就在于它独特的游戏规则和游戏方法，围绕着背后的名牌展开的一系列“争夺战”。在下一节中我们将具体来分析这档节目究竟为什么会赢得如此多的观众喜爱，又为何会成为现象级的节目。

二、《极限挑战》节目介绍

《极限挑战》是东方卫视于2015年6月4日从韩国MBC电视台（韩国文化广播公司）引进的一档明星游戏竞赛类节目。截至2019年底节目共播出五季，每一期节目固定一个主题，第一、二、三季节目六位“男人帮”固定成员是黄渤、孙红雷、黄磊、罗志祥、王迅、张艺兴。六人合力挑战一些高难度任务，每一期的主题都会围绕一个社会热点或时代背景展开，如恢复高考、创业、关注留守儿童等，这些主题涉及的范围是社会性的。节目中嘉宾通过完成任务的形式，将一些积极向上的思想或是主流的价值观呈献给观众。特别是对一些年龄较小观众价值观的形成起到了潜移默化的作用。另外，“男人帮”六个人自身在节目中互帮互助、同甘共苦的行为，也对人与人之间的日常交往起到了正面引导作用。[①]《极限挑战》拉近了明星与观众的距离，增加了节目的看点。同时在剧情上增设悬念，增加了节目的故事性，引导观众一同思考节目内容。

“《极限挑战》这档节目在一播出就取得了不俗的收视成绩，收视率从首期的1.19不断攀升，多次取得收视第一名、微博热搜第一名，第一季在网络上有高达 16 亿的播放量。在口碑上，《极限挑战》广受观众喜爱，收到众多良好的评价，并获得了2015 亚洲最具影响力综艺节目的称号。”[②]《极限挑战》中选择的话题也比较广泛，涉及多方面社会现实的话题：亲情、友情、爱情，甚至生老病死。节目在制作过程中也感染了其他人，不同于其他的真人秀节目，它很好地将路人和嘉宾们融合在一起。在节目中，明星嘉宾紧密

① 冯剑.传播学视角下的综艺节目研究——以《极限挑战》为例［J］.传播与版权，2019（01）：95-97.

② 刘心仪.剧情式综艺节目的本土化创新策略研究——以《极限挑战》为例［J］.科技传播，2018（12）：38.

地贴近群众生活，有很多和路人互动的部分，使节目变得更具真实性和可看性，丰富了节目的趣味性也增加了观众的融入性，更巧妙地完善了节目的剧情。在《极限挑战》中，明星嘉宾们在一次次的角逐中上演了一出又一出“相爱相杀”的故事。节目中选择的主题多是比较正能量的，在节目的主题设置上也选择了很多特殊时代带有民族记忆的事件，将“有趣”与“温情”合理地融合，嘉宾们靠着自己的聪明才智在节目中不断反转着自己的命运。

第二节　游戏竞赛类真人秀的看点及本土化趋势

一、游戏竞赛类真人秀的内涵

游戏竞赛类真人秀大多以游戏贯穿节目始末，但其实在这一类节目中真正的核心与内涵并非只是游戏本身，更多的是这一类节目背后所要传递给我们的观念与正能量。这一类节目中大多是将体育与游戏相结合，一方面使整个节目的冲突更加明显，节目更具可看性，另一方面，这一类型的竞赛又使得整档节目将竞技精神融入其中。其中既会有团体协作精神的体现，又会有每一位选手在面对挑战时不放弃、不轻易言败的进取精神。最重要的是，在这一类节目中还会有一些中国的传统观念与中国的传统文化的融入。而这些内容才是游戏竞赛类节目中最核心的内涵。

二、游戏竞赛类节目看点解析

1. 悬念、冲突的设置

在真人秀节目中，尤其是在游戏竞赛类真人秀中，悬念与冲突的设置是尤为重要的一种表现手法与叙事手段。无论是在国外的一些真人秀中还是在我国原创的真人秀中，都离不开悬念与冲突的设置。“悬念主要是在艺术创作的过程中吸引观众眼球和注意力，同时造成受众急切寻求原因或结果心理的一种手法。如果可以很好地对悬念进行一定的设置，可以使受众一直对对象投入一定的关注度，从而吸引受众持续看下去。”[①]

在这一类真人秀中最为常见的冲突体现就是：情节和人物的冲突。情节上的冲突指的是：“一般有三种情节设计：大情节设计、小情节设计、反情节设计。大情节设计是经典情节设计，从节目开始到结束是线性叙事、因果关系、前为因后为果。节目采用闭合式结局，结尾真相大白、中国式的大团圆结尾、所有谜底在最后告诉观众。小情节设计一般是多视角叙事，多个主人公，开放式结局，人物的困境、选择的难题最后未必解决。主人公比较被动，比如因为别人而成为某节目的嘉宾，因而存在着内在强烈的心理冲突。反情节设计是冲突最强烈的一种，因为反情节设计一般不强调情节或因果关系，反情节设计强调的是巧合，一般也不是线性叙事。”[②]在游戏竞赛类真人秀中常常会给每一期的节目设定一个大的情节背景，这个背景之中就会包含着一定的冲突，比如说《极限挑战》和《奔跑吧兄弟》中每一期都会有特定的任务，节目所有环节的推进都是为了完成这个特定的任务。这就是情节中的冲突。

而人物的冲突则体现在人物为达到某个目标时与他人发生冲突。“一般节目设置会考虑两大关系，即现实关系和戏剧关系。因为血缘、家族、工作、社交、教育、居住环境各种历史渊源形成的既定关系叫现实关系。如：同事、邻里、同学、夫妻。因为人物的需求、性格而与其他人发生的关系，即由特定的事件形成的特定关系叫戏剧关系。现实关系是人物出场的条件，一般在节目中现实关系要求尽量与戏剧性关系结合。其次是人物性格冲突，是人物内心的冲突。一般在设置人物内心冲突的时候，节目会

① 王井，智慧.电视节目策划［M］.武汉：武汉大学出版社，2012：148.

② 王井，智慧.电视节目策划［M］.武汉：武汉大学出版社，2012：151.

考虑两难选择，一般就是将人物设置于两难选择之中。”[①]在每一期人物的设定中，每位嘉宾都会有不同的身份，这些身份的设定会与他们本身的现实身份发生一些冲突，比如说在节目中有的人身份为间谍，这时他们自己的内心冲突就十分突出，他们与现实关系中一些比较亲近的人也会产生十分精彩的冲突。

那么在游戏竞技类真人秀中的悬念体现在哪里呢？在《电视节目策划》一书中，将悬念的表现方法大致分为以下几种类型：“一般常用的悬念表现方式主要有以下几点：首先是着眼于叙事结构变动的悬念表现方法。探索新颖的叙事结构，打破传统的由原因到结果的叙事方式，不仅可以调动观众的好奇心，还可以使整个节目的制作体现出一定的艺术效果。另外一种方式就是合理使用问题来设置悬念。目前最有效的方法就是常常将叙事中最异乎寻常的点挑出来，最先叙述，然后随着节目的推进一步步找出答案。这种方式往往将叙事的过程放在最重要的位置，在探索原因的过程中不断吸引观众的眼球，从而达到收视目标。其次是在叙事过程中对叙事进程进行人为地控制，由于观众的感情是随着叙事进展而不断起伏的，所以这种方法还可以对观众的情绪进行一定的控制。”[②]

在这里我们以两档现象级的游戏竞赛类真人秀《奔跑吧兄弟》和《极限挑战》作为研究对象，来分析一下它们对于悬念的设置。根据 2014 年底收视调查统计，“《奔跑吧兄弟》的收视率位列2014年第四季度综艺类节目排名榜首。2014年刚开播期间，第一晚即毫无悬念地拿下了当晚9点档的收视冠军，在网络上更是以超过20万的话题热度位居微博综艺热搜榜榜首，播出第三集便突破了中国全国收视率2%，在50大城市收视率中达到2.180%”[③]。而《极限挑战》第一季从 2015年6月14日播到同年9月20日，节

① 王井，智慧.电视节目策划［M］.武汉：武汉大学出版社，2012：152.

② 王井，智慧.电视节目策划［M］.武汉：武汉大学出版社，2012：150.

③ 王璨.游戏真人秀节目形态解析——以《奔跑吧，兄弟》为例［J］.新闻研究导刊,2015(15)：7.

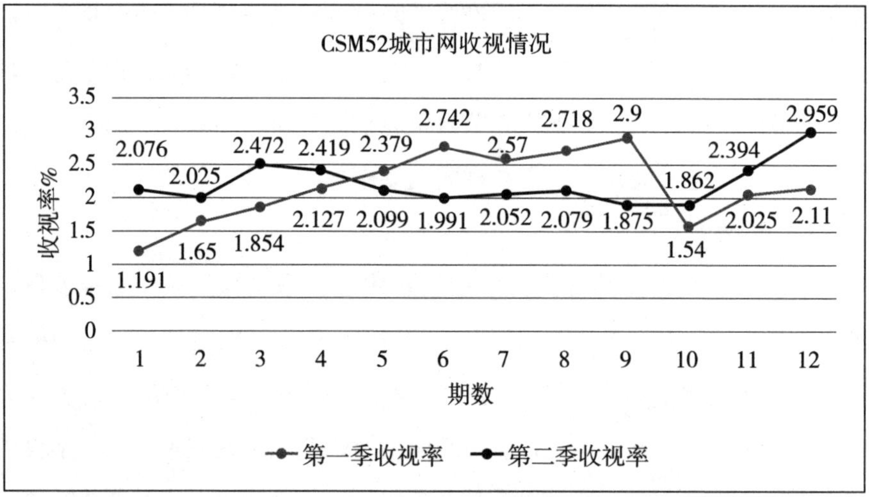

图1 《极限挑战》第一季、第二季CSM52城市网收视情况[①]

目开播第一期就取得了1.191%的高收视率。

在《奔跑吧兄弟》中有很多期内容都运用了悬念设置这一表现手法，最常用的设置悬念的方法就是：合理使用问题来设置悬念、对叙事进程进行人为地控制。

（1）合理使用问题来设置悬念

在《奔跑吧兄弟》中经常会出现一些倒叙插叙等叙事结构，先将结果呈现给大家，让观众和嘉宾一起不断地推测这一问题的答案，这就很好地吸引了受众的好奇心和关注度。其中有很多故事性的叙述方法，比如说常常会设置一个故事背景，每一位嘉宾都会有各自不同的身份，整期节目的最终目的就是在与嘉宾的配合中完成这一故事情节的呈现。

例如在《奔跑吧兄弟》第三季第四期节目中，开场时的故事背景是：利莫里亚两位神秘战士在地球潜伏多年，他们发现地球人研发出一种高科技芯片，为了锁死地球科技他们得到了一个任务，他们要充当间谍把这一

① 图片数据来源：CSM媒介研究。

芯片偷出来，并在规定时间带走。从这里我们就知道这期节目中有部分成员是有身份的人，但又不知道具体是谁，只能通过一轮轮的游戏和情节的推移才能够慢慢分析出答案，在最后一刻才会知道结果，过程中上演了一场精彩的谍战秀。

在《奔跑吧兄弟》和《极限挑战》中大多数情况下都是如此，设置好故事背景、确定好人物身份后开始竞技。但是人物身份大多不会完全公开，需要通过解答一个个问题与线索才能得知答案，这就是我们所提到的对于悬念的设置，这种悬念的设置可以很好地吸引观众的好奇心和求知欲。

（2）对叙事进程进行人为的控制

在《奔跑吧兄弟》中，这一悬念的表现方法最常出现在以下情况下：在节目中成员身份是未被公布的、保密的，但是在故事发展过程中，导演突然告知某一位嘉宾一些成员的身份信息，这个时候故事的情节走向开始变得具有不确定性，很多人的身份变化后，线索、信息可能都会发生改变。

例如在《奔跑吧兄弟》第三季新春特辑第2期中，孙俪的身份是白天使队的“女王”，其余成员的身份自己抽取确定但抽取后必须保密。导演将所有成员分为两队，一队是白天使队，另一队是黑天使队。在游戏的过程中会逐渐推进告诉白天使队的“女王”孙俪一些成员信息，比如说第一轮游戏结束后，导演告诉孙俪她的队伍中有一名白天使、两名黑天使这一线索，并且给她机会选择另外一队的成员替换本队队员。

叙事进程不断地在人为控制下改变，甚至一些故事情节走向开始变得具有不确定性，但是这种不确定性也正是节目中最大的看点，也是吸引观众继续看下去的动力。

而在《极限挑战》中，这种人为的控制则更多地体现在嘉宾身上，参赛成员最经常使用的手段就是结盟，他们经常在结盟中改变一段又一段既有的关系，使故事走向发生变化。在《极限挑战》中有“三傻”和“三精”，每一期的节目中六人都会上演一场场谍战大戏，经常进行各种结盟，结盟后又有各种背叛。在这六位成员中，黄磊与黄渤一直都代表着高智商和高情商，两人经常会与其他嘉宾斗智斗勇、结盟、违心背叛等，展开一场场精彩绝伦的“算计”与“斗争”，使原本单一的剧情变得更具可看性。这种人为地控制会使情节变得更具可看性，也会激发观众对于过程和结果的好奇心。

2. 花样繁多的游戏种类

《奔跑吧兄弟》和《极限挑战》之所以能够在真人秀节目中获得如此高的认可度，很大一部分是源于它们独具特色的游戏环节。在《奔跑吧兄弟》每期节目中，主持人和嘉宾们都要在自己的身后贴上写有自己名字的名牌，名牌被撕掉即为出局，胜利者会得到奖励，失败者则会受到惩罚。因此每位成员都会绞尽脑汁赢得比赛，也都会为了得到终极任务的线索在前期的游戏竞赛中就拼尽全力战斗，这就是该节目最大的看点。节目中的大部分游戏还是源于原版节目，例如：指压板、乒乓球大战、经典的撕名牌等，这些经典游戏成了跑男团独有的标志。但除此之外《奔跑吧兄弟》后续也进行了一系列的本土化创新，这些创新元素中也包含游戏的创新。比如说体操动作挑战、龙舟比赛、声讨大赛、让天霸飞、穿越障碍线等等，游戏种类日渐繁多，游戏规则与环节也更具专业化与可玩性。接下来我们就具体来看一下这些游戏的具体特色。

（1）竞技日趋专业化

在《奔跑吧兄弟》与《极限挑战》中，游戏类型大多会被分为两类：运动类、益智类。运动竞技类的游戏在节目中占比较大，包含一些基础的跳绳、踢毽子、跨栏等等；在益智类游戏中则更广泛些，从最简单的算数、脑筋急转弯到比较高难度的悬疑推理、破解密码等。这些游戏的出现都为《奔跑吧兄弟》注入了新鲜的动力，在后期的节目中逐渐出现了一些更具专业性的竞赛项目，比如说会有一些专业的体育项目：体操、赛龙舟、足球赛等。这些游戏的专业度非常高，甚至在节目中还经常会请来一些十分专业的运动员作为嘉宾与跑男团成员们一起竞技。益智类游戏中也有很多推理的游戏情节，逻辑十分缜密。这些更加具有专业度的游戏竞技项目也使整个节目的游戏难度提升一个档次。嘉宾在参与游戏时，总是会出现这样那样的意外情况，比如有的摔倒、有的跟不上节奏，还有各种囧况，嘉宾们不仅自己乐在其中，对于观众来讲更是惊喜连连，无形之间观众常常会被体育游戏带来的真实感所吸引。同时这种极具专业性的竞技项目都有明确的规则，能够非常公平地评判输赢，所以结果很好判断，十分值得观看。

但归根到底，体育运动最后想要传递的大多都是一种正能量，一种积极向上的精神——团队精神。《奔跑吧兄弟》和《极限挑战》都是“娱乐＋体育运动”贯穿始终的节目，在娱乐大众的同时也无时不刻在向社会传递着正能量的理念，传递这种竞技精神、团队精神。“奔跑”是节目的灵魂理念，它本身就是一种活力的象征，也为节目注入一股青春向上的能量，这种精神正是节目想要通过游戏竞技传达给观众的。

（2）游戏的可玩性

①游戏规则的设置

在《奔跑吧兄弟》中，除最后撕名牌环节会实行淘汰制外，其余游戏环节大多采用积分制，不会有淘汰的环节，这样可以保证节目的嘉宾与跑男成员们始终参与其中，不会中途被淘汰。此外，这种游戏规则可以使节目更具可看性，因为所有嘉宾与成员都会想方设法地争夺最后的胜利，没有人会掉以轻心。不到最后一刻永远不会知道结果，这是一个很好的激起嘉宾斗志的方法。

《奔跑吧兄弟》中很多游戏的规则十分具有趣味性的，充满喜感，比如说动用一切手段逗对手笑，让跑男成员带上马头充当马背嘉宾赛跑，一些唱歌跑调的人同台竞技歌王等。在这一过程中就会产生非常强劲的冲突感和喜感，使整个节目极具可看性。

②游戏参与感

《奔跑吧兄弟》和《极限挑战》中的游戏都会给嘉宾一种极为强烈的参与感，所有的游戏设置都是非常适合嘉宾参与的，每一期的游戏环节都更像是一种对症下药，对不同的嘉宾会有不同的游戏安排。比如说当节目中请来另外一个团队时，就会尽量以组队的形式来分配竞技项目。

在《奔跑吧兄弟》第二季的一期节目中，请了《爱情公寓》成员做嘉宾，在竞技游戏上就设置了一些比较考验团体协作能力的项目：传送带敲锣考验肢体协调性，成员合力“拔萝卜”等。在最后撕名牌的环节也分为两组，《爱情公寓》成员一组、跑男团成员一组进行对战。因为《爱情公寓》大多是女嘉宾，所以设计传送带敲锣的游戏就是考虑到这一因素。其实在每一期的游戏环节设置上都会充分考虑到嘉宾本身的一些特点，比较柔弱的嘉宾就会选择一些益智类游戏，体能比较好的嘉宾则会安排一些体育竞技类游戏。

《奔跑吧兄弟》和《极限挑战》中游戏环节的设置也十分凸显团队竞技精神。在节目中，一般都会分为两队，两队成员在竞技中常常会为自己的队员加油打气，无论是在间谍游戏中的尔虞我诈，还是在争夺游戏中的头破血流，抑或是在撕名牌过程中的追逐战，都是一场场的团队作战，让观众感受到他们的团队精神。

例如在《极限挑战》第一季第七期节目中的主题是“冰封王座”，“男人帮”的成员们要争夺王位，在比赛最后一刻攀登海拔4500米的高峰过程中，张艺兴为了坚守与罗志祥之间的君臣誓言，帮罗志祥拦住孙红雷，阻止他抢先一步登上王位。张艺兴忍受着身体不适和高原反应，一步步向前追赶孙红雷。孙红雷看到他也于心不忍，停止了前进的步伐，放弃争夺王位，在原地等候张艺兴，陪伴张艺兴登上最高峰，这就是团队精神的体现。这种团结、向上、热血的精神正是节目想要传达给观众的。

二、本土化的创新改造

《极限挑战》与《奔跑吧兄弟》都是引进于韩国的节目，在引进的过程中也会进行一定的本土化创新。韩国与我国同属亚洲国家，在地理位置上相隔不远，有着一定的相似性，但是很多文化、习俗、历史等都是不一样的，所以在引进节目的过程中不能完全照抄照搬，在原有的基础上需要有一些本土化改造。比如说在每一期的节目中节目成员与嘉宾都会到一个不同的地点，这些地点所包含的独特的历史文化背景就一定是独一无二的，所以节目中故事背景的设置就会深深植根于我国所特有的文化背景。在节目中会出现很多对于传统文化元素的运用，比如说对中国故事、中国人物的运用。

在《奔跑吧兄弟》和《极限挑战》每一期的节目中，都会去到不同的城市选择几个不同的地点进行游戏，在开场时导演都会做一个介绍，让大家了解中国文化的博大精深。外景地大多选择在一些历史和人文胜地，在游戏和道具的设计上更是结合当地文化特色，将游戏任务融合到国人能够产生情感共鸣的情境之中，表现出我们中华民族的理想信念和价值观念。每一期游戏中的场景设置与它所处的地理环境密切相关，地理环境的独特性和人文性可以很好地辅助游戏开展，这也会促进产生不同的游戏效果，两者相辅相成。这就彰显了我国的地大物博。反观韩国原版节目*Running Man*《无限挑战》，他们的拍摄环境相对来讲就会受到一些制约，韩国位于亚洲大陆东北部朝鲜半岛的南段，三面环海，是一个典型的半岛国家，国土面积总共10余万平方公里。地理环境的局限性就导致韩国的拍摄地受到制约。*Running man*自2010年首播之后，节目拍摄足迹已经踏遍了韩国的大街小巷，拍摄地除了在韩国一些比较知名的景点外，也会选择一些普通的广场、街道，甚至有的游戏就在SBS（首尔广播公司）演播大厅中进行。*Running man* 节目组甚至会将节目的拍摄地选择在其他国家和地区，他们曾经做过泰国特辑、北京特辑和香港特辑，甚至还做过亚洲梦想杯特辑。

中国则因为有着地大物博的资源，可选择的拍摄地和主题更为丰富多彩，每一期的节目都会围绕一个地区的文化背景而展开，所有的游戏设计也都十分具有中国特色，会融入很多中国的传统元素进去，比如说《奔跑吧兄弟》第三季第九期的“杨幂杨颖穿越民国当街约战”、《奔跑吧兄弟》第四季第八期的“十二生肖悬疑案”等节目中，都利用了一些中国的传统元素来设置故事背景，这些极具中国特色的内容也正是这些节目进行本土化创新的一种体现。

在《极限挑战》中，每一期节目都有一个主题，比如说恢复高考、创业、关注留守儿童等问题，这些主题涉及的范围是十分广泛的，也是具有社会性的，能引起更多人的共鸣。节目中嘉宾通过完成任务的形式，将一些积极向上的思想和主流价值观呈献给观众。这些主题任务与社会问题都是与我国的文化背景、社会背景相关的，也都是在引进的外来节目基础上进行本土化改造的表现。

下面我们以 *Running man* 中2013年7月21日的“魔鬼姐妹花猎杀跑男”和《奔跑吧兄弟》第三季之“烧脑大片‘古堡杀人游戏’”为例，来分析一下在这两期节目中对节目进行的一些本土化创新。

“古堡杀人游戏”的情节设计和“魔鬼姐妹花猎杀跑男”有些相似，在节目中都有探秘、推理、悬疑的部分，并且在节目中，很多故事情节也是相似的：在游戏场地中有无数面暗藏家族身份的镜子，游戏成员必须两两结对组队寻找镜子，并由此获知身份信息的线索。但是 *Running man* 中，游戏的故事背景是一所学校中的同学们之间的故事，而《奔跑吧兄弟》则是把故事背景设置在1915年，是一个大家族之中的故事，家族的故事围绕寻找潜伏的外族人展开，成功找出外族人才可以改写家族的命运、守护住自己的家族。

这一背景信息的改变就很好地凸显出中国文化中最看重的家庭伦理。中国自古重人伦，人有“五伦”，即君臣、父子、夫妇、兄弟、朋友五种关系。这五伦里面，有三种是家庭关系：父子、夫妇和兄弟。而另外的两种，君臣关系比照的是父子关系，朋友关系比照的是兄弟关系。也就是说，中国几千年封建社会里面的五伦之德，其基础就是家庭关系。家庭关系至今仍是中国人最重视的关系。由此我们可以看出，在这一期节目中，同样的节目元素下，《奔跑吧兄弟》最为主要的本土化改造就是加入了中国传统的家庭观念这一主流价值观。

在以上内容中，我们主要梳理了《奔跑吧兄弟》和《极限挑战》两档游戏竞赛类节目的一些看点，包含叙事、游戏环节、本土化创新等内容。这也代表了游戏竞赛类节目的内容特色，其中最大的看点就在于“游戏＋竞技”，也就是我们上文所提到的“娱乐＋体育”，将竞技性和娱乐性完美结合是这类节目的核心，这一核心背后想要传达给观众的就是它的精神——奋勇向前、永不放弃。而我们从国外的节目中学习到的也正是这种团结拼搏的精神，但是在保留这种精神的基础上我们还需要对节目内容进行一些本土化的改造，这种融合了中国特色元素的本土化创新也是我国游戏竞赛类真人秀节目的特色，更是打造出现象级的品牌真人秀节目最重要的原因。

① 《奔跑吧兄弟》路人成“主角”谢娜被张杰粉丝感动哭. 凤凰娱乐.

第四章

才艺竞赛类真人秀

第一节　平民才艺竞赛类真人秀案例及本土化趋势

才艺类真人秀是竞赛类真人秀中很重要的一部分，又可以细分为：平民才艺真人秀和明星才艺真人秀。两者最本质的区别就在于选手的身份，前者为草根平民，后者为明星偶像。本节我们将研究平民才艺竞赛类真人秀是如何进行本土化创新的。

我国最早的平民才艺竞赛类真人秀借鉴了英国Fremantle Media公司制作的《流行偶像》和美国福克斯旗下的《美国偶像》，在借鉴了《美国偶像》这一模式后，我国的才艺竞赛节目如雨后春笋般生长，在国内的电视节目市场中占据了相当份额。2005年，湖南卫视制作出《超级女声》，这档现象级的“草根”才艺竞赛类节目一出现，就引起了不小的轰动。根据央视—索福瑞媒介研究公司公布的2005年《超级女声》节目收视数据表明，在北京、上海、长沙等12个城市“收视仪”调查中，该节目平均收视率为8.54%，平均收视份额达到26.22%，决赛期间平均达到11%的收视率。不仅居于同时段收视首位，其平均收视率还超过中央电视台。尤其是三强对决的尖峰时刻，个别时段的市场份额最高达49%。这一现象级真人秀的出现实现了“从明星娱乐大众到大众自娱自乐”的转变，更是给我国的平民才艺竞赛真人秀带来了更多的信心、生机与活力。在这之后，我国又相继出现了一批又一批的平民才艺竞赛节目：湖南卫视的《快乐男声》，东方卫视的《加油好男儿》《我型我秀》《中国达人秀》《妈妈咪呀》，中央电视台的《星光大道》《非常 6+1》等，这些节目的出现都使我国的平民才艺竞赛类真人秀市场更加广阔。

在以上提及的这些节目中，有些节目是我国原创的平民才艺竞赛节目，还有一部分是在引进国外节目模式的基础上进行本土化创新的节目，例如《中国达人秀》《妈妈咪呀》这两档节目不仅收视率极高，而且也比较具备本土化后平民才艺竞赛节目的典型特征，尤其是《妈妈咪呀》这档节目的选手定位更是十分特别。接下来我们将围绕这两档节目来分析平民才艺竞赛类真人秀的看点在哪里。

一、平民才艺竞赛类真人秀典型案例介绍

1.《中国达人秀》节目介绍

（1） 节目收视率

《中国达人秀》是东方卫视播出的一档平民才艺竞赛类真人秀，2010年7月25日正式开播，节目目前已经播出六季。《中国达人秀》的原版版权购买于英国Fremantle Media公司，是在《英国达人秀》的基础上进行本土化创新与改造的一档节目。《中国达人秀》是迄今为止国内购买海外模式制作的众多电视节目中最成功的个案之一，连续三季打破了中国电视综艺节目收视纪录，“在 8月1日第一场初选时就夺得了上海地区的收视冠军，全国收视率达到了 1.37。等到 6 周后的最后一场初选赛时，上海地区的收视率破了 20，连续第二次超过央视春晚在上海创下的收视纪录，全国收视率达到了3.0，接近了一直位列第一的《非诚勿扰》，一举扭转了东方卫视近年来在全国卫视收视排行榜几乎被挤出前八名的劣势”①。节目给予普通人表演的机会，体现出了对每一个平凡梦想的尊重和鼓励。

（2）节目规则

《中国达人秀》参考了母版《英国达人秀》的赛制，一开始共有四场晋级赛，从300强选手中选出40强，40强中选出10强，10强直接争夺冠亚

① 王倩，黄丽娟.你所不知道的“中国达人”[J].新民周刊，2010（10、11）.

季军。在整个节目中，主持人只负责一开场的节目介绍，这便是《英国达人秀》与《中国达人秀》节目中独特的主持方式——侧幕主持。主持人并不需要在舞台上主持，而是在选手上下台必经的舞台侧幕，主持人对即将上台的选手进行采访，与即将上场的选手一同分享紧张的情绪，也能在选手表演完下场后的第一时间分享心情。

在表演舞台上，共有三位评审，在三位评审面前会有一个LED屏幕，和三个巨大“×”按钮，评审们按下“×”按钮后就会变成红色，当三个“×”全部变红时选手就必须停止正在进行的表演。不过，三个“×”都亮并不意味着选手被淘汰，在评委点评时，只要有两位评委说出“Yes”，选手就能够直接晋级。此外，在全部选手比赛完毕后，评委们会对所有进入选择圈的选手进行第二轮的综合筛选。

在《中国达人秀》中，还有一个部分是整档节目的点睛之笔，那就是“密室”环节。选手们在结束表演后，会经由侧幕走入一个密室，在这里选手们会有着各种各样的表现，有的选手欢天喜地地拨打电话分享晋级的喜悦，有的人高兴地手舞足蹈，有的人因晋级失败痛哭流涕，有的人愤愤不平地表达对评委的不满，而这一切也都成了观众的看点。

2.《妈妈咪呀》节目介绍

东方卫视的《妈妈咪呀》引进的是在韩国曾创全国收视奇迹的王牌节目 *Super Diva* 的版权，于2012年9月8日首播，目前已播出七季。“《人民日报》认为该节目展现了不同年龄中国女性的美，传承了中国式家庭价值观；《综艺报》将其誉为传递正能量的‘妈妈秀场’。主流媒体的纷纷盛赞让其成为素人真人秀节目的标杆之一。”[①]“这档节目是一档大型歌唱选秀真人秀节目，它实现了中国‘绝望主妇’们的华丽逆袭，让许多年少时有过歌星梦，却因为成家而搁浅的主妇们在节目中一展歌喉，绽放惊人魅

① 李翔.素人真人秀节目的价值坚守与责任担当——以东方卫视《妈妈咪呀》为例［J］.戏剧之家，2017（241）：106.

力。”[①]这档节目相对于普通的选秀节目来讲，最为显著的区别就在于选手的定位为“家庭主妇”，在这档节目中，很多“家庭主妇”找回了她们曾经的梦想，追寻回除母亲之外的另外一重身份。

在这档节目中，各位妈妈不仅展示了自己的歌喉，也将自己的一个个真实的、向上的故事展示给观众，向观众传递正向的价值观，所以这档节目十分具有教育意义。

（1）节目收视率

第一季的《妈妈咪呀》在上海娱乐频道播出，收视率排名为上海同时段第一名，平均收视率达6.42%，收视率最高达到11.5%。第二季开始，《妈妈咪呀》开始调整至东方卫视播出，上海本地平均收视率达到8.2%。

（2）节目规则

《妈妈咪呀》的比赛规则采用了韩国原版节目中的规则，在节目中，各位“辣妈”进行才艺展示并在评委的引导下讲出自己的故事，三位评委现场给选手打分。选手经过海选、初赛、复赛、决赛等多个环节，最终在观众的投票下角逐出冠亚季军。获得总冠军的选手将获得一些奖励与机会，例如《妈妈咪呀》第二季的冠军奖励是获得价值50万元的钻石皇冠，同时还将成为赞助商慈善项目代言人，并有机会在草莓音乐节上举行冠军见面会。

《中国达人秀》与《妈妈咪呀》这两档节目在我国能够取得不错的成绩自然是有一定的原因的，不仅仅是因为引进了国外比较成熟的节目模式，更重要的是在这个基础上我们有一些比较本土化的改造，这些改造与创新迎合了我国观众的喜好与需求。在接下来的内容中我们将共同探讨一下，这两档节目的看点究竟在哪里。

① 一周综艺导视［EB/OL］. 腾讯娱乐（2013-03-15）https://ent.qq.com/zt2013/zyds/12.htm.

二、节目本土化结合点

1. 平凡人的不平凡故事

在平民才艺竞赛类真人秀中，最为重要的本土化的体现就是表现平凡人的不平凡故事，很多平民才艺竞赛节目中真正在意的并不是节目本身，也不是选手们的才艺究竟有多精彩，而是在于选手身上独特的故事与他们所传递的价值观。

例如在《中国达人秀》中选择的选手大多是底层社会的一些小人物，他们在生活中为了自己的梦想不断努力、奋斗、学习。例如在乡下卖菜的中国版“苏珊大妈”——“菜花甜妈”，家里人不支持她的音乐梦想，她就只能自己偷偷唱歌，来到《中国达人秀》的舞台圆梦。还有县城街舞达人男孩卓君，是县城唯一一个考上大学的男孩，在县城中自学机械舞，成为小县城中的街舞达人。最后两个人通过他们的励志故事，向所有的观众证明，这些小人物其实才是生活中的“大”人物。

在原版 *Super Diva* 节目中是十分重视选手的才艺水平的，但是在中国版的《妈妈咪呀》中更多的其实是突出选手们身上所传递的一些正能量，通过她们的故事让观众看到平凡人身上不平凡的故事。之前《妈妈咪呀》节目组在接受采访时回应称，节目本身对于参加招募的选手们，不仅会给予才艺的考量，对她们的性格和价值观也会有一个衡量标准：“虽然每个人面对生活的态度不一样，但我们想传达给观众的是妈妈们自信、向上的正能量。因此我们对台上的母亲都做过这方面的考量。”节目中评委进行打分的时候也有一定的心理倾向，不会单单只是凭借每个人的才艺进行打分，还有一部分原因是源自她们的故事，这些故事打动了评委和观众。《妈妈咪呀》最终的冠军一定是“极致的辣妈、极致的才艺、极致的故事”。

在韩国原版的 *Super Diva* 节目中更多地是在寻找主妇中的好声音，参赛的韩国主妇大多在结婚前都是歌手。而《妈妈咪呀》在这一点上有很大的改变，参赛选手不一定要有专业的唱跳功底，所以节目很大程度地削弱了竞争性，更多地强调故事化叙事，节目更想呈现的是每一位平凡的母亲在生活面前坚强不屈的励志暖心故事。节目中的参赛选手来自全国各地，她们有着不同的职业、不同的经历，但她们都同样热爱生活，充满正能量。例如在节目中有为了自己的孩子放弃自己看到光明世界权利的盲人妈妈“王蕾蕾”，这位妈妈18岁时患上了一种罕见的视网膜疾病，这种疾病会导致她的双眼逐渐失明，医生建议她不要生小孩，因为生孩子会使她的视力急速下降。她不顾家人反对毅然选择生下两个孩子，最终牺牲了自己仅存的微弱视力。在节目中，她讲述了当孩子发高烧时她却无能为力，甚至绝望的经历。在节目中，阔别T台20年的她用一场时装秀打动了各位评委，夺得了《妈妈咪呀》第五季的冠军。在节目中还有很多同样平凡的妈妈，却有着不平凡的生活经历。她们的生活并不是一帆风顺的，甚至充满坎坷，但是她们并没有因此放弃自己的人生，而是选择让人生更加丰富多彩，才来参加这档节目。她们用自己的经历向我们展示了平凡人不平凡的故事，这正是符合中国人传统的家庭伦理观的故事，这些正能量也正是节目组想要传递给观众的价值观。她们不平凡的人生经历、坚强面对生活的积极态度，更容易触及观众的神经，引发观众的情感共鸣。

2. 观众审美：“审惨”

在平民才艺竞赛类节目中，除了叙事要满足中国人的家庭伦理观之外，还有一点很重要，就是要满足观众的“审美”需求，但是这里所提到的“审美”需求，并不是传统意义上的审美，更多的是一种“审惨”。在中国的平民才艺竞赛类节目中，草根之所以能够凭借自己的力量逆袭，离不开的一个重要原因就是他们的故事满足了观众“审惨”的心理。心理学家认为：比惨是一种自我保护的方式。它的心理基础是“不患寡而患不均”的社会认识。在心理学中，这种比惨源于人人所重视的“公平”，人们不仅追求物质上平均，心理上也是如此，如果不能和人一起富，就希望大家一起穷。凡人遇到伤心之事，这时候有一个人对他或她说，我比你更惨，这样心理也就平衡了，也就不会太伤心了，而观众的审惨心理其实也正是缘于这样一种心态。

对于观众来讲，自我展示的成就感是十分重要的，平民才艺竞赛类真人秀的主角多是平凡人，而这恰好抓住了观众的心理，观众在看到他们的时候容易产生一种带入感，尤其是在听到他们的故事时，会有一种情感共鸣，这种情感共鸣就可以帮助观众与选手建立联系，拉近两者的距离，从而使观众始终心系结果，使整档节目受到关注。例如在《中国达人秀》中，有为了给学生买肉卖自己音乐的乡村教师，有给自己天堂的母亲颂歌的可爱蒙古男孩儿，有患有侏儒症但仍用积极乐观的态度面对生活困难的童声袖珍美人，有因为肥胖的身材在学校经常受到同学笑话的“男版苏珊大妈”。这些选手来自不同的地区，有不同的身份和职业，观众在看到他们身上的故事时难免会产生共鸣，在这种共鸣下又会产生一种同情之感。这种平民才艺竞赛类节目刚好满足了受众的情感需求，观众在看到一个个平凡的人有着如此凄惨的故事时，心里自然就会产生一种怜悯，这种情感会促使他们更多地关注这个人物。这种平民才艺竞赛真人秀其实不仅仅在比才艺，而是在比谁的故事更能打动人，这些悲惨的经历会与选手的坚强、努力产生对应，会更加凸显选手的努力。这些触动人心的故事是我国这一类节目中必不可少的元素，更是这一类节目最大的看点。

3. 观众假想的决定权

在很多平民才艺竞赛类真人秀中，最终结果的决定权都掌握在观众手中，往往最后总决赛时都是让观众行使权力进行投票，但其实这些决定权只是观众“假想”的决定权。许多真人秀节目都会采用观众投票制，有的除了现场观众之外，甚至电视机前的观众也可以用各种方式参与投票，通过他们的选择来决定节目参与者的去留。例如在《中国达人秀》中，在人民大会堂巡演后，会淘汰一部分选手，观众有权利在这些被淘汰的选手中选择四名选手复活。当观众一旦拥有了这种投票权之后，就很容易参与到节目之中去，观众掌握的权利越大，参与节目的热情就会越高涨。

很多节目的结果并不真的是观众决定的，而是受节目组操控的。“尽管真人秀节目力图为观众创造一个近乎真实的情境，但是摄像机作为‘他者’的身份介入，必然使节目的真实性打折扣。正如阿尔杜赛所说，意识形态仍然是各个个体与现实生存环境之间的假想关系的再现，是人类对人类真实生存条件的真实关系和想象关系的多元统一。观众在观看电视真人秀节目时，也处在这样一种假想关系之中。首先，每个真人秀节目都有自己的节目定位，这种节目受众的定位同广告定位一样，是从节目出发的考虑，而观众正处在这种假设划定的范围内。在节目的过程中，镜头扮演的第三者试图隐匿在节目以外，给观众制造一种似乎与参与者交流的感受，‘你’（参与者）的话是对‘我’（即观众）说的，实际上这种感受是由第三方来引导的，‘你’说什么是由摄像机扮演的‘他’来决定的。观众在观看节目时，尽管真人秀节目都强调一种所谓的真实性，但是它实际上是一种假想的真实，正是由于这种特殊的关系制约，观众才忽略了他者的存在，将节目当成自己与参与者的直接交流，也正是如此，观众才拥有了多重身份，因为只有直接交流，观众才能将自己移情到参与者的身上。因此，尽管真人秀节目强调真实，强调原生态的镜头材料，实际上，观众仍旧处于节目精心布置的假想关系中。”①例如在节目中，很多时候会有观众投票的环节，但其实这些投票都是在看过很多期节目后，基于观众对选手们的印象后得出的投票结果，在每一期的节目中节目组都会对选手们做出一定的人设，这种人设和包装早已在慢慢引导观众的选择，而观众也只是存在

① 顾羽舒.电视真人秀节目的意识形态探微［J］.媒体时代，2010（8）：54.

于这种假想的决定权中，但是这种决定权确实会使观众更乐意投入到节目之中。

三、总结

对于平民才艺竞赛类真人秀来说，它本土化最明显的特征就是：表现平凡人的不平凡故事、观众的审美、观众假想的决定权，这些都是这一类节目最大的特点。与明星才艺竞赛类真人秀不同的是，平民才艺竞赛更多的是在讲平凡人的不平凡故事，这种不平凡是能够吸引住观众的很重要的一个因素，从他们的身上发现闪光点、正能量以及正确的价值观。同时这一类节目也满足了观众的审美，但在平民才艺真人秀中更多的是“审惨”，比比谁的故事更惨，更能够让观众产生情感共鸣，惺惺相惜。最后是观众假想的决定权，这一决定权其实并不在观众的手中，其实整体的节目走向都是由节目组决定的，但当观众有了这种假想的决定权后就会更加专注地投入到节目中来，参与感会更强烈。当平民才艺真人秀具备和满足了这些特征后，会更加具有可看性，满足观众的情感和心理需求。

第二节　明星才艺竞赛类真人秀案例及本土化趋势

在上一节中我们提到的才艺竞赛类真人秀中的另一类则是明星才艺竞赛类真人秀，明星才艺竞赛节目最显著的特点就是选手为“明星偶像”。在“草根秀”不断涌现在我国市场中后，“明星秀”也开始逐渐出现在观众的视野之中。“《超级女声》《中国达人秀》等节目的诞生，将草根才艺秀推向了更加纯粹化、传播正能量的发展阶段。而《我是歌手》《星跳水立方》《舞林大会》等节目的兴起，则预示着各卫视在竞争不断升级的压力下，开始大举回归明星才艺秀。从草根到明星的不断循环回潮，恰恰印证了节目创新从来不是从无到有，而是对已有节目样态进行贴合时代脉搏的不断翻新和升级。”[①]当一类同质化的节目在不断被复制之后，观众对这类节目的兴趣自然会有所下降。在《中国达人秀》《中国梦想秀》《天下达人秀》等一系列平民选秀节目出现后，明星才艺秀节目与平民选秀形成巨大的反差，在节目中主打实力、怀旧。明星才艺真人秀与平民才艺真人秀中这种差异性又一次激起了我国真人秀市场的浪花。

明星才艺竞赛类真人秀中，明星们大多都是进行“跨界”表演，甚至有些节目让明星实现了大幅度的跨界，例如《舞林大会》是演员、体操运动员等明星向舞蹈演员的跨界表演，《星跳水立方》是演员向跳水运动员的跨界，《跨界歌王》是演员们向歌手跨界。明星们在节目中为呈现跨界表演而作出的努力正是节目很值得观看的点。在这一类节目中因为选手本身就具有一定的知名度，所以通过节目其实更多地是在展示明星们的另外一面，是褪去明星光环后作为普通人的一面，所以对于明星才艺真人秀节目来说，节目最大的看点就在于展示这些不平凡的人平凡的一面。但除此之外这一类节目也有一些其他的看点，比如在进行本土化的创新过程中这类节目还很好地融入了中国综艺市场的一些政策。接下来我们将对此进行具体分析，在这一类节目中选择出比较典型的两档节目，分析其最大的看点究竟在哪里。

一、明星才艺竞赛类真人秀典型案例介绍

1.《舞林大会》节目介绍

《舞林大会》是上海文广新闻传媒集团制作的一档明星舞蹈竞技真人

① 李芳.从草根秀到明星秀——中国电视才艺秀节目演变［J］.现代视听，2013（11）：62.

秀节目，这一档节目的版权引进自美国版的*Dancing with the Stars*。中国版的《舞林大会》第一季的第一期于2006年2月12日在上海新娱乐频道播放。《舞林大会》最初是一档“主持人舞蹈大赛”节目，参赛选手为上海本地的一些主持人。这一节目在上海地区赢得了不错的收视佳绩，最高收视率达到15.9，所以在2006年10月正式举办了全国版《舞林大会》，但是参赛选手并不仅仅局限于“上海本地的主持人”，而是从上海本地的主持人发展到演员、体育明星等社会知名人士，并转移到东方卫视播出。这档节目其实变成了明星“跨界”舞蹈竞技真人秀。“《舞林大会》在节目形式上具有美国广播公司（ABC）*Dancing with the stars* 的基本形态，*Dancing with the stars* 又是英国广播公司（BBC）*Strictly Come Dancing* 节目的成功改编。它的主要规则是明星与专业舞者配对参加比赛，每周淘汰一对选手，产生季冠军。节目有评委的点评，但选手去留由观众电话投票决定。《舞林大会》在比赛结果认定上采用评委打分制，这点稍有不同。”①

在《舞林大会》第一季中，每一期的节目中都会请到七位明星嘉宾来进行挑战，在节目中明星可以任选街舞、国标舞、现代舞、当代舞、民族舞、组合舞等多种表现形式来进行展示，在每一期节目中由评委打分决定每位选手的去留，晋级的五位选手将有机会进入复赛，最终在经过半决赛和决赛的角逐后，选出最终的冠军。

2.《星跳水立方》节目介绍

《星跳水立方》是江苏卫视在2013年推出的大型明星跳水节目，它的版权引进于德国Banijay International公司制作的综艺节目《Stars in danger: High diving》，这档节目一经播出，就好评如潮，并且引起受众的广泛关注。在这档节目中很多明星开始跨界，化身跳水运动员参与比赛，在节

① 陈静.《舞林大会》，视觉时代的明星秀［J］.电影文学，2009（10）：77.

目中不仅有最专业的比赛场馆，还有最专业、最顶级的跳水运动裁判，更有最专业的跳水比赛规则，使整档节目更具专业性。《星跳水立方》在北京奥运会水立方跳水馆进行录制，节目中还邀请到奥运冠军担当教练，更请到国际跳水裁判进行现场打分，完全按照奥运会跳水比赛转播规格进行录制。

"在德国的 *Stars in danger: High diving* 节目中，节目最大的看点就是30位国内外明星的集结以及跳水运动的专业性和高难度性，这档节目以明星作为卖点，每一个环节都由 VCR（视频短片）回顾+赛后采访+现场比赛构成，将体育竞技节目以真人秀的方式呈现，让观众更好地通过电视节目了解作为普通人将如何将跳水运动进行到底。在确保收视的前提下最大范围地宣传了跳水运动，跳水运动也随着节目的开展逐渐揭开了'专业'的面纱，逐渐融入大众体育中。《星跳水立方》将比赛分为预赛、复赛、半决赛和总决赛，30位明星选手分别归入熊倪、高敏、胡佳和萨乌丁组进行比赛。预赛共 4 场，分为第一轮和第二轮，两轮总分累计最低的将被淘汰，而下期将会由新的明星选手进行替补。复赛共 3 场，经过 4 场初赛的角逐，将有 24 位明星选手进入复赛。每一轮 8 位选手参加复赛，复赛期间引进了双人跳水环节，双人跳环节得分最高的一组将直接进入到决赛。剩下的 6 位选手将进行第二轮单人跳水，一二轮累计得分最低的选手将直接淘汰。半决赛分为 2 场，第一场由第一轮和第二轮组成，第一轮'双星'组合跳获得最高分的组合将直接晋级总决赛，分数最低的两组将直接淘汰，剩下的3位待定明星选手将进行单人跳，分数最低的将面临淘汰，分数较高的两位晋级总决赛。而半决赛第二场有 10 位明星选手参赛，与全国各地的跳水运动员搭档进行双人跳比赛，分数较高的5组将直接进入到总决赛。总决赛第一轮将由奥运教头胡佳和萨乌丁进行帮帮跳，分数较高的4位将进入到第二轮的'奖牌争夺战'。第二轮同样以单人跳的形式进行，分数最高的将获得冠军的殊荣，冠军将享受 2008 年北京奥运会冠军的金镶玉奖牌的礼遇。”[①]

二、节目本土化结合点

1. 中国人的家庭伦理观：不平凡人的平凡故事

在平民才艺竞赛真人秀中我们提到过，更多的是在展示平凡人的不平凡故事，在明星才艺竞赛真人秀中更多的则是在展示不平凡人的平凡故事。很多时候观众常常认为明星是遥不可及的、远在天边的人，这些带有明星光环的人往往是不接地气的。在明星才艺真人秀中则让这些“远在天边”的人回归到了生活之中。在这类节目中，大多数明星都是跨界表演，这会使明星们放下曾经的一些光环，和绝大多数的普通人一样从头开始。在节目中观众会看到他们也是在经历一次次从零开始的过程，他们也经历了一次次的失败，甚至受伤，才带来最终的舞台呈现。尤其是《星跳水立方》和《舞林大会》这样跨界程度比较大的节目，更是对明星们的一种很大的考验，他们不仅要克服内心的恐惧，还要在专业上达到一定水准，而他们学习的过程正展示了这些不平凡的人平凡的故事。

在节目中，才艺训练的专业性、评委打分的专业性、选手面对压力时的抉择，都是节目中的主要看点，也正是通过对这些内容的渲染，使明星这一角色更真实可感，更具可看性。

（1）才艺训练的专业性

在《星跳水立方》中，当明星选手们碰上奥运冠军教练，训练变得更加严格。在节目录制之前，明星们都会进入专业跳水队，明星们会和跳水运动员一样进行高强度封闭式集训，并且为每一位选手请来的教练都是国家级教练，对每一位选手的训练都是从零开始。节目制片人接受采访时表

---

① 夏芳.从《奔跑吧兄弟》和《星跳水立方》看中国体育类真人秀节目的实践与探索［D］.上海：上海体育学院，2015.5.17.

示："参加这档节目的明星要有很大的勇气和吃苦的准备，有一些符合条件的艺人，连游泳都不会，培训的初期还要从游泳开始学，可以想象前期的培训过程也将会是一个漫长的耐力赛。"在节目中每一位教练对选手的要求都是十分严格的：例如每天做500次蹦床训练、高强度运动量训练体能、空中动作练习、吊威亚弹跳练习等。在长达三个月的节目录制中，明星们将会挑战3米、5米、7.5米跳板和10米跳台四个项目，并进行单人跳和双人跳的对决。这些极具专业性的训练规则会将观众们带入到情境之中，让观众们与这些明星共情，体会到这些明星在为梦想努力时所付出的辛酸，实现明星与观众之间的情感共鸣。这种专业的训练所带来的挑战性使节目更具可看性。

（2）评委犀利严苛的点评

在《星跳水立方》中，评委的打分制度是十分严苛的，评委们严格遵守国际泳联标准的"打分制"，裁判阵容也十分强大，是由中国跳水奥运冠军和国际泳联的国际级裁判组成的。比赛中由七位裁判评委对明星的每一个动作进行"完成分"和"难度系数分"的打分，这一打分制度是十分具有专业性的。当这些光鲜亮丽的明星像平凡人一样接受考验和审核时，将会更加拉近明星与观众之间的距离。在节目中，正式比赛前往往会放一段短片，短片中展示的就是选手们刻苦训练时的画面。为了能够成功地完成一次表演，有的人甚至忍受着伤痛去训练，例如王栎鑫因为突发中耳炎，在训练时不得不将自己的脸包裹得一层又一层。这些都是训练过程中明星们真实状态的一种呈现。

在节目中，明星们也将面临淘汰和被选择，也许只是因为一点点的小失误，就会被淘汰掉。例如在第一期节目中因为失误被淘汰的香港女星李彩桦，在第一期节目中带病亮相，勇敢地从3米跳板一跃而下。但她的起跳明显力度过大，导致身体过转，背部与水面以平行姿态入水，现场一声"啪"的撞击声，令观众一阵惋惜心疼。虽然起跳失误被淘汰，但她却凭借着自己的敬业精神，给现场的两千多名观众留下了深刻印象。比赛结束后，李彩桦对着镜头的一段落泪独白，更是戳中了许多观众的泪点，让观众们为之动情。这正是选手们在面对严苛的比赛规则时留下的些许遗憾，也正是这些遗憾与不圆满打动了观众。

在《舞林大会》中，“毒舌”评委似乎是节目中必不可少的一大元素，节目中的评委总是十分严苛，用最专业的态度来对待明星选手，甚至有很多选手在节目现场被批评得很惨并表示对结果的不满和质疑。节目中经常会有零基础的演员来参赛，第五季的第一期节目中，孟茜就是一位零基础的跨界舞者，她在节目中以旗袍造型演绎20世纪30年代老上海风情舞蹈，她的舞步却让所有评委都不认可。表演完之后，评委直接毫不客气地批评。

王自健：“你今天最大的庆幸就是金星老师没有吐槽你，其实我觉得她是真的连吐槽都懒得吐槽了。”

金星：“没有没有没有，从我的专业角度来讲，当你第一个动作，第一个眼神、笑容的时候我就知道了，我就不能从专业的角度看你，专业的舞蹈来要求你。那我从另外一个角度来看你，因为毕竟有三分钟，我要享受我这三分钟，哪怕我是评委，我要看一个很好的表演。当我看到你跳完整个舞蹈的时候，你的表演已经把我领到了另外一个画面：这么一个精致的上海女人，头发梳得很漂亮的，眼神也很漂亮的，笑容也很甜，就是没心眼的一个女人，满大街这么乱跑的话，得有多少男人在后面追呀。”

方俊：“孩子，下半辈子就别跳舞了。”

评委们的集体“炮轰”让孟茜的情绪久久未能平复，一下台就泣不成声，甚至连最后的淘汰环节都没有参加。事后接受采访时她表示：“在舞台上的时候，我就忍住了，因为我不想让大家看到我挺脆弱的，可是我觉得我这几天真的很辛苦，每天跟着大家一起排练，不管身体有多痛，从早到晚都没有叫过苦。”孟茜在节目录制前三天就来到上海，即便在身体极度不适的情况下也没有放弃练习，没想到这些辛苦不仅没换来评委的同情，反而换来的是劈头盖脸的痛批，这样的结局实在是让她感到难以接受。所以我们由此就能看出，其实在这些明星才艺竞赛节目中并不是所有人的努力都会被认可和接受的。就像平凡生活中的平凡人一样，也会有很多背后的努力常常会被人所忽略，而这些明星也是一样，进一步加深了观众对明星选手们的认同。

（3）选手面对压力时的抉择

这种跨界才艺竞赛是十分考验选手的，他们在节目中会面临很多的压力，无论是身体上还是心理上，都会带来很多考验。在《星跳水立方》中，很多明星在面对这些压力时选择了退赛，也有一部分明星仍然选择坚持。例如在《星跳水立方》中，张一山、王丽坤等人都是因为身体不适，被迫选择退赛。

从情景喜剧《家有儿女》中出道的童星张一山和从“快男”中走出的王栎鑫，在参加《星跳水立方》预赛前的一个月集训时都患上了中耳炎，张一山最终决定退赛，但王栎鑫一直不肯放弃，仍然坚持训练，甚至在比赛中为了防止自己的病情更加严重，在脸上套了一层又一层的保护套。王栎鑫在复赛中空降与王丽坤搭档双人跳，空中动作细腻柔美，成功挺进半决赛，但最终还是被遗憾淘汰，没有进入总决赛。王丽坤为了完成三米跳台上的完美一跳，每次比赛都要提前十几天进组参加训练，因为她本身就是舞蹈专业出身，所以身上会有一些旧伤，再加上每一次高强度长时间的训练，最终令王丽坤旧伤复发，她不得不选择退出比赛。

在节目中经常会有很多明星每天忍受着各种身体不适坚持训练。李彩桦也是每天在温泉体育中心和清华游泳馆来回奔波，每天魔鬼式集训4小时，一直练习到身体感冒，持续高烧，双腿瘀伤酸痛也不停止。而韩庚在训练中挑战五米台跳水时，因为一些动作失误，在水中晕厥10秒，训练过程中还会经常被水拍伤。

无论是坚持训练还是被迫选择放弃比赛，其实都是人生中的一种选择，这些选择也会使观众们联想到自己的人生，体会到这些明星的辛酸经历，看到这些不平凡的人的平凡故事与经历。

2. 观众审美：审美、羡慕

在平民才艺竞赛节目中，观众更多是在“审惨”，比谁的故事更能打动人。而在明星才艺竞赛真人秀中，节目更多的是满足了观众的审美需求，这种美体现在多个方面，不仅是明星们华丽的外表，更多的是明星们拼搏的内在美，由这种内在美和外在美油然而生的一种羡慕之情。

（1）明星“包装”的外在美

在明星才艺竞赛真人秀节目中，更多的就是凸显选手的美。例如在《星跳水立方》中，因为素颜而出名的“素颜女神”王丽坤。跳水运动自然少不了素颜出镜，这当然是对女明星们的一种考验。王丽坤正是凭借着干净清澈的面庞俘获了不少观众的芳心，她甚至在节目中调侃自己说：“自打上了节目以后，很多通告在找我之前都会先问我经纪人一个问题，可以让她不化妆来上节目吗？”这正是明星才艺真人秀与平民才艺真人秀最大的区别，选手十分养眼，同时在节目中还会展示各式各样女明星们的泳衣、男明星们的腹肌、男女明星的身姿，这些都是极具视觉冲击力的画面。在跳水过程中，每一位明星的好身材都展现得淋漓尽致。节目里明星穿的衣服大多是根据个人喜好量身定制的，有的服装也会根据选手的特点和性格而定。比如说选手温雅的吉祥色是红色，这也是对自己成绩的一种期寄，她希望自己在跳水的过程中能表现得完美顺利。这些元素也正是节目中“外在美”的体现。

明星才艺竞技真人秀中选择的才艺项目大多是可以展示形体的项目，

这些项目本身就具有一定的美感。无论是《舞林大会》还是《星跳水立方》其实都是力与美的结合，不仅有柔美的部分也有强有力的部分，这种交织与碰撞使节目极具吸引力。

（2）明星奋斗的“内在美”

观众在看到这些选手们的外在美之后，其实还会在不知不觉中被传递一种价值观，这种价值观就正来源于明星们在节目中的拼搏与努力。他们不再是不食人间烟火的明星，而是成为一个“接地气”的平凡人，选择在节目中接触一个自己从未接触过的领域从头开始，并且为之不懈努力。这种拼搏的精神是“内在美”的一种体现，这种敢于尝试的精神，更是值得弘扬的正能量。

观众在看到这些美后，自然会油然而生一种羡慕之情，同时这种羡慕之情也会促使他们更加愿意关注这一类节目。在节目中他们可以看到这些明星真实的生活，感受到他们最真实的一面，这也是他们与明星们心贴心交流的最便利的途径。

3. 公益性：国家政策

“2013年4月20日北京时间早晨8点02分，在四川省雅安市芦山县发生7.0级地震，造成数千人伤亡。一直坚持传递正能量的《星跳水立方》更向灾区进行了捐款。节目组所有成员，包括韩庚、吴建豪、沙宝亮、王丽坤等30多位明星选手，高敏、胡佳、熊倪、萨乌丁4位奥运冠军教练以及全体工作人员，将向四川雅安地震灾区捐款100万元人民币，用于灾区的灾后重建。”[①]在发生这一天灾时，节目组选择为灾区的群众献上一份爱心，将竞赛与公益相结合，这是在原有的节目模式上进行本土化的改造，也是基于我国的国情进行的改造。

另外，“2011年，国家广电总局颁布了《关于进一步加强电视上星综合

① 《星跳水立方》捐100万盼望雅安早日重建家园.［EB/OL］.搜狐新闻（2013-04-21）.

频道节目管理的意见》，这一文件的颁布标志着大陆电视业已经步入到一个新的时期，即将媒体的价值引导与市场化经营相统一、节目的社会效益与经济效益相统一的时期。"[①]"我国的电视节目因此开始纷纷进行转型，这一转型追求的是'弘扬社会正气，传播主流价值，引导审美趣味，坚持教育、认知、审美于娱乐之中，达到教育引导、愉悦身心、陶冶情操、振奋精神的娱乐品格'。"[②]所以在此背景下诞生了很多传递正确价值观，弘扬社会正能量的真人秀节目，这些节目很好地起到了教育引导的作用。江苏卫视《星跳水立方》在2013 年4月6日开播，作为一档以竞技体育和慈善筹款为主要内容的节目，一推出就得到了明星们的纷纷响应。这档节目不仅实现了公益与竞技的结合，同时也充满了正能量，观众们一直在关注选手在比赛过程中遇到的挑战，以及她们是如何凭借自己的力量完成这些高难度的挑战的。这些明星不服输、敢于挑战的勇气，正是节目想要传达的寓意，也很好地起到了教育引导的作用。

三、总结

在系统地分析明星才艺竞赛真人秀后，我们会发现其实明星才艺真人秀与平民才艺真人秀并不只是在于选手的身份不同，在节目的很多看点上也是不同的。明星才艺竞赛真人秀更多的是在讲不平凡的人的平凡故事，而平民才艺竞赛真人秀更多的是在讲平凡的人的不平凡故事。在审美需求上，对于明星才艺竞赛真人秀更多的是在"审美"，这种"美"不仅来自外在的"美"，还有一部分是源于明星们的执着和敢于挑战、拼搏的精神。对于平民才艺竞赛真人秀来说，其实更多的是在"审惨"，这种惨也

---

① 白小易.论当下电视文艺节目价值导向功能的重塑［J］.电视中国，2012（12）：17.

② 为观众提供艺术审美的思想正能量——2012年度中国电视艺术发展报告［J］.电视艺术报，2013.4.19.

只是相对意义上的“惨”，指的是在他们的生命中所经历的一些不同寻常的经历，他们如何迎接这些生活中的挑战。所以总体来看，两者都是十分具有可看性的，无论如何，“两者都实现了向观众传递勇敢、坚持、乐观的正能量和浓浓的人文关怀，两类才艺竞赛真人秀节目都反映了积极向上的时代精神，树立了正确的人生价值，提升了节目的品位，更实现了价值引导”。[①]也都完成了在原版节目的基础上做一些基于本土化的国情、国民审美上的改造与创新。

① 孙良斌，杨尚鸿，李曼莉.引进模式类明星真人秀节目的本土化传播策略分析［J］.新闻研究导刊，2013（12）：25.

第五章

职业竞赛类真人秀

从2000年开始，我国的电视真人秀市场经历了初醒、鼎盛、低迷、转型等时期，在这期间衍生出多种类型的真人秀节目。在《娱乐旋风——认识电视真人秀》一书中就将真人秀分为了 9 大类型：生存挑战类、人际考验类、表演选秀类、职业应试类、身份置换类、益智闯关类、游戏比赛类、异性约会类和生活技艺类。在本章中我们将研究职业竞赛类真人秀的节目模式。

职业竞赛类真人秀，顾名思义就是围绕职场竞技展开的一系列真人秀节目。在这之中职业的选择多种多样，无论是传统的厨师、老师、公司高管还是新兴的模特、在线设计师等职业，职场选择作为每个人人生中非常重要的岔路口，这一领域的角逐是十分具有看点的。

第一节　职业竞赛类真人秀典型案例介绍

在本节中，我们将主要分析《学徒》和《赢在中国》两档节目。这两档节目都是比较典型的职场竞赛节目,《学徒》是全球第一档职业竞赛类真人秀，而《赢在中国》又是中国的职业竞赛节目中比较具有本土特色的一档节目。

《学徒》是美国全国广播公司（简称NBC）播放的真人秀节目，这档节目的制作人是美国的地产大亨唐纳德·特朗普。在节目中，他从全美21万多名志愿者中选择16名候选人加入比赛。这16位选手在节目中必须要为了最终的“终极大奖”展开争夺，这个“终极大奖”就是特朗普旗下的一个商业项目的负责人。在这场争夺中，选手们将会根据每一期不同的任务进行比拼，小到卖柠檬水、买婚纱、餐厅服务，大到楼市交易、装修房子。每一个任务都让观众从中学习到一些就业知识，从项目策划到销售技巧再到时间管理，成功地将工作中遇到的考验展示在我们面前。在完成任务的过程中，选手的团队合作精神、个人业务能力、领导能力和销售技巧方法等一系列的职场必备技能都会被展示出来。而每一期节目中选手的去留也都是由这些综合能力所决定的。

《学徒》中挑选的挑战者是16名充满野心、拥有高学历甚至是已经小有成就的年轻人。16名参赛者，分成两组8男8女，大家轮流担任团队领导人，每周完成一个任务，输掉的一组中将会有一位对团队最没贡献的成员被“炒掉”。《学徒》第一季于2004年1月首播，这档节目完美地将商业运作技巧与真人秀竞赛相融合。“《学徒》第一季的前3集平均收视率为9.4%。18～19岁观众的收视份额为23%，平均有1910万观众收看，是2003—2004年播出季连续前19周18～49岁成年观众收视率排名第3位，所有观众收视率排名第6位，是NBC新节目播出史上创造了最佳收视率的节目之一。”[①]因为在《学徒》这档节目中，本身就有很多成功的商业运作技巧，特朗普在节目中不仅仅是一个老板，更像是一个“教授”，在每一期节目中他都会传授一个商业成功的“核心理念”。所以这档节目中的个别案例一度被当作各大商学院的教学案例。

而《赢在中国》曾被称为中国版的《学徒》，2006年《赢在中国》第一季首播，共推出六季，分别是《赢在中国》第一季、第二季、第三季和《赢在中国蓝天碧水间》《2016赢在中国》、2017年新版《赢在中国》。2006年第一季，2007年第二季，2008年第三季，前三季是由中央电视台举办，第四季名字改为《赢在中国蓝天碧水间》，是江苏卫视2013年举办的公益性节目，第五季名字叫《2016赢在中国》，第六季是2017年推出的新版

① 宋丽丽.真人秀节目的受众分析［J］.青年记者，2006（20）：64.

《赢在中国》。在这六季节目中前三季的形式比较相似，都是经过层层筛选后选出12名选手，通过自己的讲述与产品现场展示、与评委之间的交流来完成选拔，最终选拔出比赛的总冠军。冠军获得一家注册资本不低于人民币 1000 万元的新设企业经营权。但是2013年推出的《赢在中国蓝天碧水间》进行改版，节目形式发生很大的改变，更多的内容偏向于真人秀，选手们与《学徒》中的选手一样，12位选手通过12场商业实战赢取公益基金，通过商业实战亲身示范，每场商业任务的比赛时间均为24小时，两队必须在规定的起止时间内完成任务，每位选手都可以最大限度地利用个人资源来帮助自己完成商业任务。这一季的《赢在中国蓝天碧水间》更偏向于实战。在2016年又推出的《2016赢在中国》，节目形式又做出了改动，在这一季的节目中，邀请不同赛道的创业选手参加项目PK（对决），并邀请冯仑、俞敏洪、吴晓波等重量级嘉宾现场点评。《2016赢在中国》是一档比较典型的职业竞赛类节目，也是基于本土化的一版《赢在中国》，所以后文将会主要围绕《2016赢在中国》进行分析，分析它的看点在哪里，又做了哪些本土化的创新。

第二节　职业竞赛类真人秀的看点及本土化特征

《学徒》在美国一播出就成了NBC收视率最高的节目。在这之后，我国也相继推出了职业竞赛类真人秀，2003年中央电视台经济频道推出大型原创人力资源节目《绝对挑战》，2005年，东方卫视推出一场青年创业精英大赛《创智赢家》，但这两档节目的口碑并不是很好，收视率也不尽如人意。2006年中央电视台又推出一档全国职业竞赛类真人秀节目《赢在中国》，这一节目开创了中国职业竞赛类节目的先河。随后我国又相继引进一些其他国家的职业竞赛类节目版权。

“2012 年之后，中国电视真人秀节目最显著的发展特点就是与媒介资本的融合形成的模式化发展。模式指的是各种经验经过抽象和升华而提炼出的体系。模式是一种指导，其本质是解决某一类问题的方法。电视节目模式可理解为是某一电视节目在长期的实践中所总结出的一种严密的制作体系，并且可以‘移植’到其他同类型节目中的一套成熟方案。其中包含节目运营流程、游戏规则、生产程式等核心要素。”①“这一时期显著化的模式特征源于引进的模式节目通常在国外已经获得了观众认可，并且节目形式逐渐成熟，引进国内降低引入方风险。同时新颖的节目内容使得在短时期内可以吸引观众，提高收视率，带来良好的广告效益，因此各大卫视开始不断引入国外的模式节目。”②例如,《顶级厨房》引进的是美国FOX频道下 *Master Chef* 的版权，2013年旅游卫视的《第一超模》则引进了美国《全美超模大赛》原版版权。这些节目都充分借鉴了原版节目的运营流程、游戏规则与生产程式，并在这个基础上进行了一些本土化的改造。那接下来我们就来分析研究一下这些节目被引进的原因究竟是什么，它们的看点究竟体现在哪里。

一、看点解析

1. 职业的选择

对于职业竞赛类节目来说，满足观众的审美需求是十分重要的，这种审美特点也成了这一类型节目最大的看点，可以帮助这一类型节目更好地吸引受众的目光。这种审美的特点在职业竞赛类节目中主要体现在以下三个方面，分别是职业题材的选择、视觉的呈现、满足不同人类需求层次。

---

① 徐婷婷.从《爸爸去哪儿》看当下电视娱乐节目模式引进的现状［J］.传播与版权,2014(3)：31.

② 李灿.媒体融合环境下电视真人秀的创制及生态格局研究［D］.上海大学，2017.05.01.

（1）职业题材的选择

广告大师大卫·奥格威曾提出过一项“3B”原则，即“beauty——美女，beast——动物，baby——婴儿”，通称“3B”原则。他认为以此为表现手段的广告符合人类关注自身生命的天性，最容易赢得消费者的注意和喜欢。其实这一观点也同样符合电视节目的审美需求，我们会发现涉及以上“3B”原则的题材内容往往会拥有更高的收视率。

“Beauty”，爱美之心，人皆有之。绝大多数的观众都会对美的事物有着向往和追求，所以，美的东西更容易引起人们的愉悦心情。所以《全美超模大赛》《第一超模》与 *Master Chef*、《顶级厨房》其实就很准确地把握住了受众的这一关注点。无论是美食还是美女都是一种美的体现，这种美好的事物都是能够吸引消费者与观众的关键因素。

同时，美食与美女其实也是时尚领域非常重要的两大板块，这两个板块是很多年轻人热衷和追捧的领域，这也是为什么在近些年我国陆续出现了一些线上的app，开始整合美食、美景、美物这一系列资源的重要原因，时尚是无论什么时代都会被关注的领域。

（2）视觉的呈现

这种视觉呈现主要体现在节目的视觉效果上，美食与美女从视听语言的角度来看是最容易营造视觉冲击力的。美食本身就是色彩极其丰富的物品，五颜六色的蔬菜堆积在储藏室，这本就是一幅幅十分具有视觉冲击力的画面。比如在 *Master Chef* 中，作为一档厨艺竞赛类节目，观众并不能隔着屏幕品尝到美食的味道，只能通过画面与食物整体的色泽、形状、搭配等视觉效果以及评委的描述来感受食物的味道，所以说食物的视觉呈现效果尤为重要。通过掌握好美食的拍摄角度可以营造极强的视觉冲击力，满足观众的审美需求。我们会发现，在 *Master Chef* 中，食物的色泽和外形往往也会成为评委评价打分的一个很重要的标准。

而在《全美超模大赛》中，美女本身就极具视觉冲击力，节目中用来考核的比赛规则包括时尚硬照的拍摄，这一规则的设置本身就是对于视觉呈现效果的一种过滤与筛选，更是对于美的一种评判，所以这一节目也很好地满足了观众的审美需求。

（3）满足不同人类需求层次

职业竞赛类节目除了满足了一些审美需求外，还在一定程度上满足了人类各种不同层次的需求，马斯洛将人类需求像阶梯一样从低到高按层次分为五种，分别是：生理需求、安全需求、社交需求、尊重需求和自我实现需求。

马斯洛需求层次理论中提出，人类最基本的需求就是生理需求：呼吸、水、食物、睡眠、生理平衡等，其中对食物的需求是十分强烈的。*Master Chef* 与《顶级厨房》这一类美食节目的选材刚好就满足人类的这一基本需求。在节目中选手们的竞争与角逐又刚好满足了对于工作职位保障安全的需求，同时也满足了社交需求。在节目的最后又满足了选手自我实现的需求。由此可见，其实我们今天所列举的这几档职业竞赛类节目大多都满足了马斯洛的需求层次理论的各种需求，不仅满足了选手的需求，也满足了观众的需求，对于美的需求以及对于自我实现的需求。他们可以从节目中获得一些生活的经验，学习到一些对待生活的态度。

2. 提供资讯，实现传播目的

在职业竞赛类节目中，传递资讯的方式有很多种，传递的资讯也有很多种，比如：时尚资讯、如何处理人际关系、如何解决家庭问题、商业社会的需求等，这些资讯都是社会学中很重要的一些分支。

最为常见且突出的一个例子就是《学徒》。《学徒》第一季成了很多商学院学生们的参考片和参考案例，甚至有很多职场新人通过节目梳理出自己的一套职场指南，通过这一节目还能够了解到一些商业社会的需求。在网络上有大量的网友梳理总结《学徒》第一季的观后感，曾有人在博客上梳理出每一位选手的个人资料，并根据每一期节目的主题做出合理的分析，现摘录部分如下：

表5.1 《学徒》第一季案例分析①

第一季的选手总共16人，8男8女，年龄和职业背景参差不齐，类似商业学校挑选MBA学员，注重人员的多样性	
片段1	DT（唐纳德·特朗普简称）把选手按性别分为男女两队，各自取名，男队取名Versacorp，女队取名Protege，提供本金，让他们在指定时间里在街头卖柠檬水，利润高者获胜。结果男队输，我认为输在选址上，Kwame该为此负责，他选了码头渔市附近，理由是人流多，但是DT说鱼腥味倒人胃口。后来换了地方，但是产品附加值做得不如女队。女队靠性感把1美元的水卖到5 ~ 20美元。Sam在落后时做出1000美元兜售一杯水的举动，美其名曰买的是“美国梦”，当然失败了。队长Troy选择Sam，David进会议室，David明显缺乏销售技能和进取心，回答自己不能胜任销售工作，所以被开除。可见老美是相当看重自信心的，如果你自己承认弱势，没人会要你
片段2	DT布置为飞机公司计时卡设计广告的任务。女领队Amy第一时间约见客户代表，了解对方创新大胆的需求后，启用Tammy的创意，用充满性暗示的广告赢得胜利。相反男领队Jason决策失误，拒绝了会见客户的提议，设计的广告中规中矩，冲击力不够。Jason选择Sam但他在执行任务中睡觉，而选Nick比较奇怪给不出理由，导致DT怀疑他的判断力而被开除。老美看人有道理，判断失误就是输在起点，领队犯这样的错是致命的。本集中出现了女队Omarosa和Ereka的口角，Sam再次入会议室表明他被队友孤立
片段 3	两队在规定时间采购清单上的物品，谁花钱少则胜。Jessie率领女队，分开了有隔阂的Omarosa和Ereka，在高尔夫球杆的交易过程中Amy表现了高超的谈判技巧，为队伍省下100美元的空间。反观男队采购该物一分未降。结果女队三连胜。Sam选择Kwame和Bowie一起PK。DT和顾问一致认为Sam是个比较极端的人，会导致队伍大胜或是大败，但是一直没看到他身上的正面影响力，所以三人会议室出局。个人认为是Sam被队友架空干掉的，他在前期的好高骛远，狂拍DT马屁和偷懒被队员看在眼里记在心里，这轮被选为领队就是希望他走人。而且他的领导能力很有问题，不听队友建议，人员分配不合理，不告诉队友商店地址，时间管理混乱，既不尊重队友，也无法赢得队友尊重

① 来源：http：//blog.sina.com.cn/s/blog_4bee6b410100e6q4.html.

续表

片段 4	任务是两队各自经营星球餐厅一天，与去年同期营业额相比，提升幅度大者获胜。在看过酒吧以往销售数据后，有饭店经营经验的Kristi敏锐地发现利润率极高的酒类饮品的贡献比较少，因此在战略上将酒类销售做为重点。在美女的强大攻势下，尤其Katrina和Heidi劝酒出色，酒吧老板担心顾客醉倒街头会有麻烦不得不出面阻止。男队这边士气低落，领队Kwame看不出经营商品的诀窍，一度和Troy搭档搞签名篮球的销售活动，被Bill和Nick认为是误导顾客，冒充体育名人。结果不言而喻，女队胜出。Kwame选择Bowie(销售不力)和Nick(后期不出力)。这轮评委团认为男队人人有错，相对而言Bowie的潜力不够，DT点名Nick下轮作领队，同时出面警告女生别总是利用性别诱饵做生意。这局的收获在于正确的市场战略决定了销售结果，所以通往总裁的晋升路上战略思维是不可或缺的
片段5	DT意识到同性分组的片面性，先开始队伍重组，Nick和Kristi分别挑选对方队伍的精英，Amy被Nick首先挑中。随后两队在跳蚤市场摆摊售卖各自采购的商品。男队触底大反弹，Nick作为领队调动了队员的积极性，很得美女好感，选择服装为主要商品，并且在垃圾堆里找来衣架降低成本；相反Kristi像是和上轮换了个人，组织混乱，选人分配工作不得当，让Omarosa负责财务，后来发现丢了钱，出现了商业上很忌讳的亏损状况。然后Kristi在挑选人PK的时候，让Heidi提前知道反扑，在Board Room面对Omarosa和Heidi的攻击，错误地采取Jessie的建议不保护自己。Kristi自己走到尽头。Kristi的教训在于经不起压力考验，或许分组打乱了她的计划，可能街头摆摊不是她熟悉的项目，关键是被属下爬到头上，完全没有领导的样子。这样的人当然无法进入DT的视野

我们会发现，很多人将《学徒》作为很好的商业案例去分析，在上面的例子就将前5期节目做了一个很好的总结。通过每一期节目的规则要求和失败案例分析出参赛选手的行为与失败点，找出了正确的解决方案和应对措施。同时观众也能够透过节目引发一些共鸣，找到自己在职场中经常会遇到的一些状况，从中吸取经验教训。其实这正是这档节目想要达到的目的与效果，让更多人能够不仅仅只是观看一档职业竞赛类节目，更多的是透过一档节目了解到现如今商业社会所需要的人才究竟是什么样的，当自己面对同样的问题时该如何解决。

《赢在中国》这档节目则更多的是突出这些创业者不服输、敢于拼搏的精神。从一无所有到取得一些小小的成果，在这中间要付出的可能是多于常人百倍的努力。以此来鼓励更多的创业者和想要创业而不敢创业的年轻人，去勇敢追逐自己的梦想。

通过这几档职业竞赛类节目，我们会发现其实很多观众会在看完节目后明确了自己所应该崇尚的一种生活态度，这种生活态度包括对待生活的态度、对待时尚的态度、对待人的态度、对待工作的态度等。这些都是职业竞赛类节目十分重要的价值传播目的。职业竞赛类节目正是因为满足了以上需求，具有十分重要的市场价值以及社会学价值。

二、本土化特征

1. 社会发展状态

《学徒》与《赢在中国》同属于职业型的技能竞赛类节目，曾有人认为《赢在中国》是按照《学徒》原有的模式所制作的节目，但我们以《2016赢在中国》为例，会发现两者虽然同为职业类竞赛节目，但是两者还是有很大的不同的，《赢在中国》确实有很多本土化的创新。首先，最重要的就是它是基于我国国情下的社会发展状态制作的节目。

2014年9月在第八届夏季达沃斯论坛上李克强总理的讲话提出，要在960万平方公里土地上掀起一个“大众创业”“草根创业”的新浪潮，形成“万众创新”“人人创新”的新势态。鼓励草根百姓投入到创业的热潮之中，“2015年以来，‘双创’战略稳步推进，创业热情空前高涨。在2016年的政府工作报告中再次提及该战略，‘双创’又一次成为两会热点关键词。值此之际，展示人才、选拔优秀创业人才的电视节目《2016赢在中国》强势回归”[①]。《2016赢在中国》这档节目的出现和中国的政策有着密不可分的联系，这档节目一改以往的形式，做出了很大的改变，节目中邀请不同领域的创业选手参加创业项目比拼，这些领域包括：传统产业升级、智能硬

① 共享经济登录《赢在中国》，新兴商业模式掀创业浪潮［EB/OL］. 环球网（2016-06-21）. https://china.huanqiu.com/article/9CaKrnJW2fs.

件、冠军创业、垂直电商、共享经济、文创类、人工智能等。在这些领域中有几个非常重要的关键词，分别是："传统产业升级""智能""电商""共享"，这几个词是2014年到2016年百姓最关注的几个关键词。2014年"网红经济"的出现，带动了一批又一批的电商，"人工智能"也渗透进人们衣食住行的方方面面，这些领域都紧密联系着我国国情。另外，因为美国是资本主义国家，"所以发达的国情决定了《学徒》拥有更加广泛的全球观众。在内容上自然多是一些关乎职场高层工作的竞争，《赢在中国》将其受众定位于全球华人中的自主创业者，多属于市场营销、产品开发等领域，这和中国经济正处于稳定上升期直接关联"①。

2. 文化底色的差异

（1）美国梦与中国梦

纵观《学徒》与《2016赢在中国》，相比而言，两档节目中选手的价值诉求不太一致。由于美国是资本主义国家，《学徒》中的选手大多以金钱和地位作为目标，所有的努力拼搏都是为了取得最终的胜利，拿到梦寐以求的工作：成为唐纳德·特朗普的"学徒"和成为顶级白领的成就，这种成就感的满足才是他们更想要追逐的。特别是在节目一开场的主题曲中更是不停地重复着"money"一词，这种以"金钱"和"地位"为中心的目标正是广大美国公民心中的"美国梦"。在节目中，有几个素质是选手必须要具备的：只要你聪明而且勤奋，那么就一定会有机会成功；具备团队合作和领导才能，心理素质强过外部压力；面对无数个机会，无数财富，要心狠手辣。由此我们可以看出，在这档节目中选手们为了最终的胜利可以不惜一切代价，不择手段地争取。这种精神正是美国国情下的一种追求"美国梦"的"潜规则"，对于"金钱""财富""地位"的欲望驱使着这些选手坚持下去。

① 马娜.《赢在中国》的本土化探析［J］.新闻爱好者，2011（7）：92.

而《2016赢在中国》中的选手，更多的是为了让自己的产品能够被投资者接受和认可，被广大的用户和受众认可，这是一种对于“中国梦”的执着追求。在节目中，选手们通过自己的展示来让广大用户与投资人了解产品，相信自己的产品，包括信任自己对于企业的管理与经营能力，这才是《2016赢在中国》想要传达给受众的。而《赢在中国》最终取得胜利的方式与《学徒》完全不同，前者主要体现出一种团队的凝聚力，这种凝聚力促成整个团队的成功，选手们更多的是对于个人愿望与理想的追求，与欲望无关。例如在《2016赢在中国》中，取得最后总冠军的是vipkid的创始人米雯娟，她在节目中始终强调的一个关键词就是她们的团队，正是源于团队成员的付出与坚持才会有vipkid。而这也体现出具有创新创造精神和集体主义精神的“中国梦”中很重要的一部分。

（2）追求个人价值与追求社会价值

《学徒》与《2016赢在中国》两档节目要传达的价值观也不太一致。《学徒》这档节目更多的是为了实现个人的价值，能够拥有金钱、财富、地位，能够拥有一份高薪的工作，但都停留在实现个人价值的层面。

但是《2016赢在中国》中的选手们不仅要通过节目实现自己的个人理想，更为了实现更大的社会价值，因为这些个人理想并不只是关乎个人，更关乎整个团队、整个社会甚至整个国家。他们通过节目完成自己的项目，而这一项目会造福更多人，给我们的社会带来更多的价值，这正是这档节目所想要传达的。从《2016赢在中国》的评委选择上，我们就能看出，这些评委大多是一些比较成功的商人，无论是万通控股集团董事长冯仑还是米未传媒的创始人马东，抑或是新东方教育科技集团董事长俞敏洪。他们都是在创业的艰辛中一点点成长起来的，也是在不断地创造社会价值中成长起来的。这些正是中国职业竞赛类节目基于原有模式下所做的一些本土化改造。

从以上内容的梳理中我们会发现，职业竞赛类真人秀节目十分具有社会价值，不仅能够满足观众的审美需求，还能帮助观众明确一些职场规则和所应该崇尚的态度，这些都是十分有意义的。同时，我们也应该明确一点，国外引进的模式化节目并不能完全照搬照抄，而应该基于我国本土的国情去进行改造，尤其是在价值观、文化等方面西方国家与我国有着很大的差异性。这些问题我们都必须充分地意识到，才能够制作出适合我们国家的职业竞赛类真人秀节目。

第六章

生活服务类真人秀

在上一章中我们梳理了竞赛类真人秀的一些看点以及这一类节目的本土化创新，在本章我们将分析研究非竞赛类真人秀的看点。在非竞赛类真人秀中有一类是扎根于我们的生活、与老百姓生活密切相关的节目，这就是生活服务类节目。在这一类节目中不仅能够体现出老百姓对于生活的态度，同时也能够让老百姓在节目中有所收获。生活服务类真人秀不仅可以展示生活中的各个层面，服务于受众，还可以让受众从中掌握一些生活技能，是非常具有人文关怀的一类节目。本章将主要介绍生活服务类真人秀节目，寻找出这类节目中所独有的不可替代的特征以及我国这类节目的本土化创新点。

在生活服务类真人秀节目中，有一类节目与我们的生活密不可分，它的任务就是改造我们每天生活的“家”，所以这一类节目自然也就成了老百姓关注度最高的生活服务类节目之一。2005年中央电视台财经频道推出了一档倡导自主动手、节俭装修的生活服务类节目——《交换空间》。在节目中为广大观众提供各类装修知识、家装创意、家装常识。这一档节目的问世让很多电视观众都感受到家庭装修的乐趣。这一类节目在国外一直都是收视热潮，同样地，《交换空间》的出现也开创了我国家庭装饰装修类节目的先河。

在接下来的内容中，我们就以家庭住宅装修为题材的生活服务类节目为例，进行详细分析。

第一节　生活服务类真人秀典型案例介绍

在这一类节目中我们将选择日本的《超级全能住宅改造王》和中国的

《梦想改造家》两档节目进行分析。这两档节目同属于住宅装修类节目，也都有着比较好的收视率。《梦想改造家》的版权引进自日本制作的《超级全能住宅改造王》。两档节目都是以设计师接受普通家庭的改造委托的形式，对老房子进行整体改造。节目中选择的房子大多是不能够满足生活需要和不具备生存环境的住房，从中我们也会看到一些基于各国国情和各自家庭观念的不同点，从而分析出我国生活服务类节目所具备的本土化特点。

一、《超级全能住宅改造王》节目介绍

《超级全能住宅改造王》是日本推出的一档住宅装修类节目，节目从2002年4月28日起首播，共播出两季311期节目。每一期节目都会从广大报名者中选出一户需要进行装修改造的家庭，委托一位顶尖的建筑设计师将原本比较破败的旧房子改造成舒适宜居的生活环境。拥有一个宽敞、整洁、舒适的房子对于一个家庭来讲是十分重要的。房子本身除了要有美观的外观设计外，还需要为人们提供一个能够满足各种生活需求的居住空间，但现实中的很多因素使许多人不能住在一个环境比较好的空间里。《超级全能住宅改造王》的出现正是为了满足这些人的需要。

这档节目中选择改造的家庭都是由观众自发报名参加，电视台从报名家庭中筛选出适合改造的家庭。设计师们会用最低的成本改造出最适宜这个家庭生活的全新环境。这档节目的收视率一直居高不下，它之所以能够如此吸引观众，很重要的一点就是它能够给观众呈现出一套与原来完全不一样的、令人赞叹不已的全新住宅。其中最大的看点就是设计师们在空间上的处理，使原本狭小空间的每一处都利用得更加合理。尤其是对于日本的地理环境，日本大部分家庭都是一户独栋的房子，因此《超级全能住宅改造王》改变得会更彻底，每一次的改造几乎都等于重

建，甚至会对地基下的土地进行改造，房间内的房梁结构等也会进行加固或调整。因为日本是一个多地震的国家，所以设计师在使用材料时还会考虑到房子整体的耐震性和建筑材料的重量，这就是基于日本本土的一些改造特点。

二、《梦想改造家》节目介绍

《梦想改造家》是我国东方卫视推出的一档家装改造节目，第一季节目于2014年7月30日在东方卫视首播，截至2021年共推出七季。每期节目都会选择一家有住房问题的家庭，委托建筑设计师在有限时间内使用有限的资金对房屋进行改造。“每期《梦想改造家》节目有一个经过海选的家庭入选，家庭分别代表、折射一部分人群。具体的家庭故事围绕主人公背景、居住烦恼和对梦想中家的憧憬展开。”①

这档节目与《超级全能住宅改造王》的整体节目形式相似，但综合来看还是有很多本土化特征渗透在节目之中。《梦想改造家》和其他节目相比最大的特点，是它体现了普通百姓面对生活的尊严感以及他们对改善生活条件的奉献精神，体现出节目的人文关怀。在节目策划过程中，项目团队也有一个明确的标准来寻找目标家庭，就是必须要在他们身上看到对于家庭的梦想，以及他们愿意为之付出的努力。所以观众可以看出，节目中很多家庭生活条件并不理想，但仍然愿意为了让自己的家变得更好做出贡献。节目并没有刻意让这些嘉宾看起来很“悲惨”，而是展现普通人面对现实生活磨砺时坚强的态度，以及他们对于家的渴望。节目中的设计师们也会设身处地地为每一位主人量身定制他们的家，从他们的话语间精准捕捉到主人对于家里某一处设施的需求。通过这种方式，观众可以真正地看

① 《梦想改造家》本周开播　戴娇倩携设计师改造家［EB/OL］.（2014-07-29）.https：//ent.qq.com/a/20140729/017171.htm.

到节目的人文关怀，体现出每一位设计师为客户着想的理念。这档节目第一季推出后，就吸引了广大观众的关注。

表6.1 《梦想改造家》第一季CSM50城收视率①

期数	播出日期	排名	收视率%	市场份额%
第一期	2014-07-30	9	0.450	1.96
第二期	2014-08-06	16	0.312	1.41
第三期	2014-08-13	7	0.494	2.17
第四期	2014-08-20	19	0.269	1.15
第五期	2014-08-27	12	0.364	1.64
第六期	2014-09-03	12	0.293	1.75
第七期	2014-09-10	17	0.242	1.37
第八期	2014-09-17	15	0.264	1.56
第九期	2014-09-24	6	0.463	2.19
第十期	2014-10-15	15	0.264	1.37
第十一期	2014-10-22	6	0.425	2.15
第十二期	2014-10-29	14	0.283	1.41
第十三期	2014-11-05	13	0.274	1.39

第二节　生活服务类真人秀本土化结合点

在《梦想改造家》中，有很多内容体现了我国特有的国民观念。接下来我们将具体分析一下，看看这档节目究竟做了哪些本土化的创新，又有哪些本土化的结合点。

① 数据来源：央视索福瑞媒介研究-中国广视索福瑞媒介研究（CSM）.

一、任务对于人物形象的塑造

《梦想改造家》这档节目最大的看点就在于它对节目中人物形象的塑造。在每一期节目中看似是在完成一家一户的改造，但在这个任务完成的过程中，我们会看到每一个家庭的特点以及他们的态度。这种态度不仅仅体现在对于时尚和美的态度上，更体现在他们对于生活和生命的态度上。

1. 对于时尚的态度

《梦想改造家》作为一档住宅改造类节目，最为突出的特点就是能够让观众很直观地看到这个家改造前与改造后的变化。这些来报名参加改造的家庭有很多是为了追求一个比较具有美感的生活环境，很多家庭的居住环境实在太过于破败，他们希望自己的家能够更加宽敞整洁，这其实就是对于家庭环境的一种追求。《梦想改造家》实现了美化外观这一主旨，在视觉上，带给了观众强大的冲击力。不论狭缝中的难以见光的住宅空间，还是上百年的古老房屋格局，都可以在设计师的改造设计中体现出新的美感，弥补房屋原本的缺陷。

例如在《梦想改造家》第一季2014年9月10日的节目中，选择的就是一对文艺小夫妻的家。这对文艺小夫妻居住的是一套30平方米的直筒型老公房，家里还有三只调皮捣蛋的“混蛋猫”，原本就十分狭小的空间显得更加混乱。夫妻两人希望自己的家能够在改造完以后变得更加规整，两个人也都能够拥有各自独立的空间，因为两人都是艺术工作者，对于整体的视觉效果也有一定的要求。从这对小夫妻的需求中我们能够看出他们对于时尚生活的追求，也能感受到他们对于美好生活的态度。设计师在面对非常有限的改造预算时，最大限度地节约成本，为这对文艺小夫妻打造了一个温馨的小屋。

2. 对于生活的态度

除了对于时尚和美感的追求外，绝大多数的观众都更加在乎生活的舒适度，是否能够在有限的空间内最大限度地享受这一片空间。家对于每一个人来讲都应该是温馨的、舒适的，很多参加节目的家庭也正是抱着这样的一种追求舒适温馨生活的态度来参加节目的。

在《梦想改造家》第五季中，有一对特殊的母女。来自辽宁抚顺的委托人徐喜兰多年来一直与患有自闭症的女儿相依为命。女儿尧华在生活中根本无法自理，也无法与身边的人进行正常的沟通，经常在房间里来回走动、转圈、跺脚，甚至不分昼夜地大喊大叫。这位单亲妈妈不仅每天要忙于工作，还要全身心投入照顾女儿。随着年龄的增长和病情的发展，女儿在家中的活动变得危险重重，这位单亲妈妈不得不时刻关注到女儿的安全问题。同时，女儿制造的噪音也对邻居的生活产生了严重影响。单亲妈妈委托节目组对120平方米的家进行改造。在接受改造的过程中，这位母亲还受邀来到上海一家自闭症康复治疗中心，学习如何有效帮助自闭症患者进行康复治疗，也亲眼看到一家员工全部为自闭症儿童的餐厅。这位单亲妈妈并没有因为家庭压力而选择放弃，而是坚强地面对这些困难，并且用积极阳光的态度去接受它，面对它。她希望这次改造能够为女儿带来舒适的生活，这正是委托人面对生活的一种乐观态度。

3. 对于生命的态度

在节目中，还有一部分人让观众感受到了他们对于生命的态度，坚强乐观、积极勇敢地面对生活中一切苦难的态度，这种态度向我们传递了正能量，也能够让观众透过他们的故事有所收获，勇敢地面对生活。

在《梦想改造家》第三季中，有一期耗时最短的改造工程——《和时间赛跑的家》。这组家庭位于山东省青岛市，委托人夏慧30出头，她委托节目组改造的是她父母的家。2016年年初，委托人的妈妈突然被确诊癌症晚期，她在得知妈妈生病后，决定要在妈妈最后的时间里，弥补过去亏欠妈妈的陪伴和爱。她将自己的爱车卖掉，只为帮助妈妈创造一个更舒适的生活环境。她也希望能通过这次房屋的改造，能够让妈妈的生活环境变得好一些，能常带孩子们回来陪伴妈妈，让她更开心。她始终相信妈妈心情好了，病情也许就会出现转机。“希望，会让病中的人创造奇迹。”因为事先没有和妈妈说这件事情，所以委托人只能假借带妈妈出去旅游这一理由，带妈妈离开家两周，而这14天就是设计师的全部工期。设计师给这个家取名为“生机小宅”，院子里新种了一棵树，希望躺在卧室的主人看到这棵代表生命力的希望之树，也希望委托人的母亲能够在这里重新燃起希望。2018年的节目回访中，设计师得知委托人的母亲在房屋改造后又坚强地挺过了一年才离开。这可能也是她面对生命的一种不屈的态度，同时也是委托人面对生命的一种态度，充满希望，不轻易妥协和放弃。这种对生命的态度也正是节目组想要传递给观众的。

在节目中还有很多类似的委托人，也许他们的生活并不都处在顺境，也不是十分富有，但他们愿意积极地面对这些艰难困苦，愿意付出时间、金钱为自己或是家人创造一个更为舒适的空间环境。这些都是他们对待生活、生命的积极态度。

二、中国人的家庭观念

1. 生活方式

每一个地区有每个地区的生活方式，也必然会有各自的居住习惯、家庭观念。中国人的家庭观念与日本和欧美国家都十分不同。在中国人的眼中，“家”是一个非常重要的概念，中国人也始终是以“家”为中心的。“家”对我们有着特殊的意义，从家庭到家族、到国家、到家天下，中国人以“家”为纽带，安身立命，构建社会。所以绝大多数中国人会为了维护整个大家庭的利益，而舍弃一些个人利益。在中国祖孙三代人共同生活是一种传统，祖父母、父母和子女是一个普通的中国家庭常见的成员构成。家庭中的每个人都会为了各自的分工做出一些妥协与让步，例如父母上要照顾老人，下要照顾孩子；父母为了孩子上学，选择住在学校附近狭小的学区房；老人为了照顾孙辈，三代人挤在有限的空间里。很多年轻人因为择业等原因而选择改变居住地和居住环境，这种现象已经成为当下人们生活的一种常态。对于每个普通人、普通家庭来说，每次搬家都包含着对更好的生活和对未来生活的期待。但并非所有的居住环境都能尽如人意，尤其是在一些老城区，“老破小”的现实往往与入住者的美好愿景相悖。

在《梦想改造家》第五季中就有一对年轻的“80后”夫妻，他们原本有一个非常温馨的家，经过多年打拼终于在杭州有了第一套房子。一家三代在这里一起居住了好多年，不仅有宽敞的客厅，充足的收纳空间，还有专属于孩子的儿童房，还有爷爷最心仪的大厨房。家里的一砖一瓦甚至小配件都是夫妻两人精心挑选的。但为了孩子的教育，为了离孩子学校更近，夫妻两人只能被迫选择搬家。搬家后，新家脏乱差的环境让一家人感受到巨大的心理落差，所以他们找到节目组，希望能够帮忙改造他们的学区房。他们为了孩子选择搬到学校附近，在改造的过程中最大的期望也是希望孩子能够拥有一些独立的生活空间和学习空间，从这些需求和期望中我们能够感受到中国人固有的一些生活方式和家庭观念。

相比之下我们会发现，日本的《超级全能住宅改造王》中，委托人的需求与我们有些差异，从一些改造项目中，我们会发现以下规律：

- 日本家庭无论房子多狭小，都一定要有更衣间和浴缸。但是中国人则会更在意孩子、老人的生活空间和需求。
- 因为日本是一个多地质灾害的国家，所以很多房屋的结构都已经遭到破坏，在改造过程中整体的内部建筑结构也都需要进行改造。
- 很多日本委托人都不只是为了自己或家人考虑改造房屋，还会考虑到一些其他需求，比如说出租房屋的租户对于房屋的需求。

这些差异都是由于两国人民的家庭观念和生活方式不同所带来的，所以在节目中我们会明显地感受到两者生活方式和观念上的差异。

2. 对于家的理解

中国是以农耕文明作为基础的国家，和欧洲国家的游牧文明、海洋文明有所不同。聚族而居、精耕细作使得中国人对于家始终有着浓重的情感诉求，对家有着眷恋之情，不习惯于四海为家。例如美国，美国本身就是移民国家，所以他们对家不会有太多的眷恋之情，而日本则是因为它的地理环境，多地质灾害，日本居民也不会对家有太浓重的情感诉求。而中国人则不然，“安土重居”指的就是中国人留恋故土，不愿意轻易迁居易土。所以从这档节目中我们也能很明显地感受到这一点。

《梦想改造家》第一季的第一期节目就讲述了一个难以团聚的家庭的故事。“乐家一家最多时14口人挤在狭小的14平方米空间。一幢年代久远的恒丰大楼承载着一家人几十年的岁月悠悠，也凝聚了一家人对改造家的盼望。恒丰大楼在几十年前是办公大楼，所以格局并不适合居住，甚至放不下一张大的餐桌，每年过年过节时，一家人都要回到这个从小到大共同生活的地方，一同回顾家中的点点滴滴，与老人们吃上一顿饭。一张桌子使得14口人无法同桌吃饭，甚至很多人没有办法坐着吃饭。”[①]但这个小小的家有着难以割舍的记忆，所以委托人希望节目组可以帮忙改造这个小小的家，能够让这个家承载得了一家14口人的回忆。

这其实就是中国人固有的对于家的一种情感诉求，这种诉求使得他们很难舍弃这个从小生活到大的地方。我们也从这些故事中能够清楚地感受到他们对家的这种爱。从每一期不同的家庭中我们会看到不同的故事，从不同的委托人身上也会看到不同的需求，但是有一点是始终没有改变的，那就是他们对于“家”的渴望与热爱。这也体现了中国人固有的对于“家”的一些认识与观念。

---

① 圣象支持东卫《梦想改造家》栏目第一集已精彩呈现［EB/OL］.（2014-08-04）. http：//home.ifeng.com/news/qiyedongtai/diban/detail_2014_08/04/2704661_0.shtml.

三、总结

通过这样一档节目我们可以感受到，生活服务类节目早就不止停留在单纯地传递一些生活信息和生活技能上，我们从节目中能够感受到人们对待时尚、对待生活、对待生命的态度，更能通过节目看到中国人固有的传统价值观，以及对于“家”这一概念浓重的情感诉求。这些才是生活服务类节目真正要传达给观众的信息，也是这一类节目不容取代的关键点。

第七章

换位体验类真人秀

在非竞赛类真人秀节目中有一类比较特殊的节目，就是换位体验类真人秀。这一类真人秀本身并没有一个明确的界定，换位通常是指两个不同角色的人物互相交换生活并设身处地地体验对方的生活。

换位体验类真人秀比较成功的先例最早出现在英国，2003年英国推出了一档角色互换类真人秀节目 *Wife Swap*（译名《换妻》或《交换家庭》）。这档节目选择两个不同背景、不同文化水平的家庭，交换他们的妻子，两家的妻子要到对方的家度过7天同居生活。这一节目一播出，就吸引了广大受众的关注，在短时间内，收视人数就从最初的390万上升到570万，成为当时英国四频道的收视冠军[①]。在各种类型的真人秀电视节目层出不穷、竞争激烈时，换位体验类真人秀电视节目登上了荧屏。这一类型的真人秀出现且成功的经验给了很多国家启发，随后我国也相继推出一些换位体验类真人秀。但是在我国现象级的换位体验类真人秀并不多，其中最为典型的就是湖南卫视推出的《变形计》，该节目实现了主人公的换位体验，增强了节目的不可预测性与可看性。

换位体验类真人秀节目在被引入我国之后，也经历了一个本土化改造的过程，与我国的一些传统价值观、社会观念、文化背景相融合。但这一类真人秀电视节目并没有像选秀类节目和竞赛类节目那样迅速占领我国综艺节目的市场，而是始终处于一个不温不火的状态之中。在本章我们将共同探讨一下换位体验类真人秀究竟为什么一直存在，它又具有哪些中国独有的内容，做了哪些本土化的创新与改造。

---

① 谢耕耘，陈虹.真人秀节目：理论、形态和创新［M］.上海：复旦大学出版社，2007：102.

第一节　换位体验类真人秀典型节目案例介绍

在本章内容中，我们选择的节目是两档比较典型的换位体验类节目，一档是英国的《换妻》，一档是中国的《变形计》。这两档节目有比较相似的节目模式和节目形式，但是在内容上却大不一样。所以我们将通过这两档节目来看一下换位体验类节目的中国本土化特征。

一、《换妻》节目介绍

2003 年 1 月，英国四频道（Channel 4）推出了一档角色互换真人秀电视节目《换妻》(*Wife Swap*)，节目由英国公司 RDF Media 制作。该节目以有着不同背景和文化的家庭为前提，双方的妻子互相交换角色，到对方的家中与其家人过“同居生活”。[①]这档节目是非常典型的“换位体验”类真人秀节目。

在《换妻》节目中互换妻子的新家庭相处在一个完全私密的空间，一同处理家庭琐事，甚至还需要“同床共枕”，共同生活两周。但是在这两周中，节目里并没有任何一点违背传统道德的地方。节目采用纪录片的拍摄手法，通过镜头捕捉一些生活的细节和人物细腻的情感变化，使观众被这些情节所吸引，对节目后续的内容产生心理预期。在这档节目中，很重要的一个环节就是节目组对于家庭的挑选。节目组主要遵循的原则就是选中的两个家庭必须有比较大的差异。这些差异包括生活习惯、价值观念，甚至是肤色、种族、宗教信仰的差异，因为这些差异会极大地挑战角色交

① 谢耕耘，陈虹.真人秀节目：理论、形态和创新［M］.上海：复旦大学出版社，2007：102.

换的底线，节目才具有可看性。

通过这档节目能够明显地感受到西方人独特的观念，他们对于婚姻、生活有着极强的包容性，并且面对不同的人生、生活也都十分愿意去理解和尝试。同时他们也在通过节目阐述一个道理：别人的家庭即使很幸福很完美，也不见得适合自己，要学会享受自己所拥有的平凡生活与幸福。而这比单纯地抱怨、羡慕或是试图改变更具意义。

二、《变形计》节目介绍

《变形计》是湖南卫视和芒果TV推出的一档角色互换类真人秀节目，于2006年9月在湖南卫视首播，截至2019年一共推出18季。在每一期的节目中都会有两位主人公交换他们的人生角色，去体验对方的生活，感受对方所要经历的一切。这两位主人公分别来自城市和农村，两人有着截然不同的生活环境与家庭背景，通过体验对方的生活达到改善关系、解决矛盾、收获教益的目的。《变形计》号称“新生态纪录片”，节目结合当前社会热点问题，寻找热点中的当局人物，安排他们互换人生。参与节目的双方在7天中互换角色，体验对方的生活。节目实行每天 24 小时跟拍，最后经粗加工剪辑后原生态播出[①]。

在主人公的选择上，遵循的原则就是：每一期交换的两个主人公要有截然不同的生活背景，特别是家庭条件悬殊，脾气秉性、价值观念也有着一定的差异。

《变形计》中的主人公在互换的过程中，体验不同人生，达到改善关系、解决矛盾、收获教益的目的。在节目定位上，湖南卫视也是精心策划，打出了“湖南卫视新影响力作品，震撼心灵的新亲子教育实验品”的

① 湖南卫视网站.《变形计》栏目简介［EB/OL］.http：//www.hunantv.com/lanmu/bxj.htm.

宣传口号。这一节目在最初播出时社会各界都好评如潮，尤其是国内很多教育、心理等方面的专家给予高度评价。收视也取得全国上星电视台同时段前几名的好成绩。[①]很多专家认为这档节目具有很好的教育意义，能够帮助孩子树立正确的价值观，并且让他们通过节目学会珍惜自己当下所拥有的一切。

第二节　换位体验类真人秀本土化结合点

我国的换位体验类节目很好地结合了我国的国情以及我国一些传统观念、生活方式、地域习惯等。接下来我们具体分析这一类节目究竟是如何充分且合理地考虑这些元素的。

一、反映社会转型期的冲突

“随着现代化的不断深入，我国社会发生着整体性的变革。经济持续增长，工业化水平不断提高，社会各层面有序推进，都市化进程加快，教育和知识的普及度越来越高，现代化的价值观念不断得到认可。现代化在带动社会整体发展的同时，使得各要素良性互动，这些特点反作用于社会发展。社会转型是一个长期发展的过程，由于我国有着十分浓厚的传统社会根基，所以在实现转型的过程中，我国会凸显出一些问题，例如：区域间发展极不平衡，地区间、城乡间贫富差距大。新旧要素在不断地碰撞、冲突。这种社会结构的调整使得社会分化严重，利益群体不断分层，社会结构的调整带来区域间经济发展不平衡，社会分配不公，进而引起就业、

① 中国湖南卫视.变形计［M］.长沙：湖南科学技术出版社，2007：6.

社会保障、教育、医疗等问题。”[①]这种经济发展的不平衡必然使得我国城乡差异和贫富差异更为明显，成为中国社会比较突出的一个矛盾冲突点。

在社会转型期，我国青少年这一代处于飞速发展的社会经济和急剧变化的社会环境中，其成长环境变得越来越复杂，他们的教育也成了值得关注的一大问题。这种教育不止体现在学习上，更多地体现在生活中。这些处于“青春期”的青少年变得更加叛逆，他们的叛逆也使他们的父母陷入深深的焦虑和不安，所以孩子的教育越来越被重视。节目组正是抓住了这样的痛点才在互换体验类真人秀这一模式下研发出“娱乐”与“教育”相结合的节目形态,《变形计》无疑是最为贴合这一主题的产物。

与此同时，我国的文化产业也在这一转型期飞速发展，电视娱乐化浪潮愈发激烈。在真人秀节目蓬勃发展之时，我国借鉴国外的节目模式推出换位体验类真人秀。这一类节目的内容不但结合了当前社会转型期出现的一些问题，很好地反映了社会上一些值得关注的热点，同样也满足了观众的一种“体验感”，这种“体验感”不仅来自每一位城市主人公与农村主人公的互换生活体验，更让观众通过他们的互换体验到他们的生活状态。这种体验是间接体验，就是通过节目，使观众共情、感同身受到节目中互换的两位主人公的情绪、情感，同时观众也能通过节目完成自我审视、自我调整，进而改善自己的生活状态。所以社会转型期所带来的一系列冲突成为我国互换体验类真人秀的核心要素和看点。

二、具体冲突点不同

《换妻》里更多体现的是不同国家的文化、种族、肤色等之间的冲突，而在中国，冲突集中体现在城乡差异、贫富差距，以及价值观念、受

① 刘欣，陈爱梅. 浅析我国社会转型期的特质［J］.现代交际，2014（3）：378.

教育的程度等方面。

1. 城乡差异

欧美国家移民人口较多，所以会有很多种族、肤色有差异的人口混居。在《换妻》这档节目中，就利用了这一本土特征，选择有种族、肤色、宗教信仰差异的家庭进行交换，在这种交换下产生的冲突就是节目最大的看点。但是在中国的换位体验类节目中，种族、肤色差异并不大，由于发展处于转型期，城乡差异成了最为突出的差异。所以《变形计》就选择了这一点作为切入点。

在《变形计》中，节目选择交换的家庭背景都比较悬殊，每一期分别选择一位城里的孩子与一位农村的孩子做交换。城里的孩子通过感受农村的艰苦生活体会到父母赚钱养家的心酸与不易，农村孩子在经历了城市的洗礼后不仅开阔了自己的眼界，更对未来的生活充满向往并增加了努力的动力。这两者的冲突正源于这种城乡差异。

2. 贫富差距

中国自古有“富不过三代”“穷人家的孩子早当家”等俗语。在中国人固有的印象中，穷人家的孩子和富人家的孩子早早地就被贴上了标签。家庭背景的不同，导致这两种孩子的处事方式也会不同：城市和农村家庭给予孩子的物质条件不同，城市里的家长可以轻易地满足孩子的愿望，而农村的孩子想要拥有一件玩具都是奢侈；城里的孩子大多没有什么负担，做事时会更加随性，可以自在地追求自己的兴趣，而很多农村孩子为了能够获得更高的成就，就需要付出比常人更多的艰辛和努力。因为这些差异，所以城乡孩子各自的思维习惯注定是不同的。大多数的城里孩子独立的都比较晚，很难适应生活，但是相对来讲农村的孩子则独立比较早，早早地就要承担起家庭的重担。

《变形计》就抓住了这一点，实现了两类孩子的互换，让城里的孩子体会农村孩子的艰苦生活，体会到每天只能以农活为乐的心情；同时也让农村孩子体会到大城市的新鲜，通过这些美好来激励这些农村的孩子。在《变形计》第一季的第一期中，就有这样一个孩子名叫高占喜，他来自青海的贫困山区，家里一共有五口人，双目失明的爸爸、不识字的妈妈、外出打工的哥哥和没有劳动能力的弟弟。哥哥没有给家里带回过太多钱，家里也没有其他经济来源，只有在逢年过节时才能吃上一次肉，平时只能靠吃白馍馍为生。在这一次仅有7天的交换生活中，高占喜在体会了城市生活之后，更加坚信“只有学习才是唯一的出路”，所以加倍努力学习，2014年考进了湖南师大，而且考的还是国防生。湖南师大当时在青海招国防生，文科两名，理科两名，当时高占喜是理科第一名，并且他在大三的时候就当上了教官。而和他互换生活的主人公魏程，则是因为网瘾而被父母送去改造的。那时他16岁，痴迷于网络，沉迷上网不愿意回家，更不愿意与自己的父母沟通交流。家庭比较富裕的魏程平时在家一天至少要用掉20块钱，但是来到青海后，他却舍不得轻易花掉20块钱。因为他知道这20块钱是高家攒了很久的积蓄，高家为了满足他去看黄河的愿望，把钱都给了他。魏程推不掉只能默默接受，当他看到黄河的那一刻突然变得很沉默，之后便失声痛哭。他不仅感受到高家一家对他的爱，也回忆起自己的父母对于自己的包容和自己之前对父母的反抗。在7天的交换生活中他也学会了如何与家人相处。短短的7天，却带给两个不一样的家庭不一样的希望，这正是《变形计》互换体验的力量。

3. 思想观念不同

中国的家长大多比较重视孩子的教育，但这种“重视”常常也会变成束缚孩子的枷锁。欧美国家对于孩子的教育主要是鼓励式教育，而在很多中国家庭中，我们经常能够听到的一句话就是“别人家的孩子”，“别人家的孩子”似乎已经成了我们家庭中的一分子，他们的出现使得很多孩子越来越不自信，甚至开始对父母产生不满和抵触的心理。他们渐渐地不再愿意听父母的唠叨和抱怨，而是把自己关在一个只属于自己的世界，甚至有一些孩子开始产生暴力倾向，对自己的父母拳脚相加。《变形计》就将节目中的主人公定位在这样一群“问题少年”中，希望在交换中能够让这些孩子体会到父母的不易，学会感恩父母，同时也让这些父母通过与“别人家的孩子”相处体会到自家孩子的好。在短暂的交换中学会倾听孩子的心声，通过这样一种方式拉近父母与孩子之间的距离，让迷途的孩子找到归途。

例如在《变形计》2014年“远方的家”这期节目中，共有三位城市主人公，他们需要通过一个月的体验改头换面。这三位城市主人公的性格都十分怪异，其中一位杨健帆就引起了很多网友的关注。他来自浙江杭州，抽烟、喝酒、飙车、夜生活，都成了他生活中的必需品，在家对父母大打出手，在外也总是惹是生非。他被称为《变形计》中最分裂的少年，打架的时候像个恶魔，可向父母要钱的时候却变成了天使，甚至会在愤怒时把爸爸打到流鼻血为止。在到交换的农村学校上课之后，老师坚持学校学生不能留长发、不能染发的规定，杨健帆拒绝将头发染黑，暴跳如雷，甚至将老师打得住院。老师并没有因此怪罪杨健帆，而是给三个城里的孩子送来水果和关心。杨健帆终于意识到了自己的错误，主动将自己的头发染成黑色并向老师承认错误。在老师的关怀、农村爸爸的照顾、同学们的鼓励下，杨健帆终于改过自新，意识到自己有多么不懂事，再见到父母的那一刻久久地抱住父母，向他们检讨自己的错误行为。

三、总结

与其他类型的真人秀节目类似，换位体验类真人秀电视节目成功地借鉴了国外同类节目的创意和其中的一些元素，同时摒弃了国外节目中与我国主流文化、主流意识形态以及我国观众审美观念相违背的内容，为节目注入了教育意义和人文关怀。在节目的本土化创新中体现了我国社会转型时期的一些冲突，同时也在节目中注入了我国的一些传统价值观、地域文化、思维习惯等。结合这些本土化的内容后，这种换位体验类真人秀不仅更具可看性，而且具有一定的社会学意义，这才是我国换位体验类真人秀中最值得关注的看点。

第八章

特殊任务类真人秀

在真人秀节目中有一类节目是没有具体类型可划分的，但是在这一类真人秀中有一个典型的特征，就是节目的最终目的是要完成一些特殊的任务，所以我们将它统称为特殊任务类真人秀。在这一类真人秀中，有各式各样的节目模式，节目中所出现的任务也各不相同，但是所有的小任务都是为了最终所要完成的大任务而服务的，节目也通过一个个任务完成的过程来完成节目主题的体现和节目中人物形象的塑造。

这种特殊任务类真人秀的看点并不仅仅是完成任务的过程，而是在完成任务背后所要传递给观众的内容，在这个过程中我们能够看出社会发展的状况，可以看到国民观念的变革等，同时更能够看到当今社会的主流价值观。在我国的特殊任务真人秀中，有很多是引进的国外真人秀节目模式和版权，但是在国外节目的基础上，我国的节目同时进行了本土化的创新。在进行本土化创新的过程中，我国的特殊任务真人秀是如何体现我国的国情和国民价值观的呢？我们将在具体的案例中来分析这一问题。

第一节　特殊任务类真人秀典型案例介绍

在特殊任务类节目中，我们选择的是韩国版的《爸爸！我们去哪儿？》和中国版的《爸爸去哪儿》进行分析。中国版的《爸爸去哪儿》引进了韩国版的节目模式，但是很多节目的具体细节与韩国版节目又不完全一样，所以我们将通过这两档节目的比较来看中国特殊任务类节目的特色。

一、韩国版《爸爸！我们去哪儿？》节目介绍

韩国版的《爸爸！我们去哪儿？》是2013年1月6日由韩国文化广播公司（简称MBC）制作推出的一档明星亲子互动的真人秀节目。在第一季中一共有5对明星父子（女）参与，分别是金成柱—金民国父子、成东日—成俊父子、李忠赫—李俊秀父子、宋钟国—宋智雅父女和尹民秀—尹厚父子。节目第一季持续播出至2014年1月19日，一共播出55期节目，进行了22次旅行。节目主要记述了5对明星父子（女）一起旅行两天一夜的故事。节目一经播出收视率便持续攀升，受到了广大观众的好评和喜爱，使这些原本名气并不是很高的小孩纷纷成为韩国新一代国民明星。中国版的《爸爸去哪儿》中，大多都是一个爸爸带一个孩子，但是在韩国原版节目中大多是一位爸爸带一到两个孩子，5位明星爸爸带着自己的子女在江原道、忠清道等地度过两天一夜的旅行。

节目中选择的明星爸爸们都是十分孝顺的人，同时也是礼仪先锋，他们不管走到哪里都能礼貌待人，在节目中教导孩子时也是以理服人，与孩子们外出旅行时也在不断地向孩子们普及礼仪知识。节目主要展示这些爸爸教育孩子的过程。

二、中国版《爸爸去哪儿》节目介绍

《爸爸去哪儿》是湖南卫视的一档亲子互动类真人秀，也是特殊任务真人秀中比较具有典型性的节目，这档节目是湖南卫视从韩国MBC引进的亲子类户外真人秀节目，于2013年首播，迄今已经播出了五季。《爸爸去哪儿》是国内第一档现象级的亲子互动类真人秀，“中国央视索福瑞媒介研究公布的数据显示，在纪实真人秀节目中，《爸爸去哪儿》第一季、第二季、

第三季的收视排名分别为第一名、第二名和第四名，其第四季与第五季的网络播放量也达到了惊人的程度，令人感到惊奇的是，在网络褒贬不一的状况下，该栏目的若干期节目依旧保持较高的收视率”[①]。

每一季的《爸爸去哪儿》，节目组都会选择5对明星父子（女）。嘉宾挑选都可谓是用尽了心思，每一季中选择的嘉宾从地区到职业再到每一个人的性格，差异都十分明显。这些嘉宾跨越不同的地区，例如加拿大的夏克立，马来西亚的曹格，文莱的吴尊，中国台湾地区的林志颖、刘畊宏，香港、澳门的吴镇宇、陈小春……从职业来看，有运动员杨威、董力，演员刘烨、胡军等，歌手黄致列、陈小春，模特张亮，导演王岳伦。每一位明星爸爸的性格和育儿理念也十分不同，有铁血硬汉胡军，冷漠硬汉陈小春，搞笑幽默的沙溢，善解人意的陆毅、田亮，温暖贴心的董力。这些明星爸爸的差异能够帮助家长更加直观地学习、对比研究不同的教育理念和育儿方法。同样，在《爸爸去哪儿》第一季中，从Kimi到石头再到森碟和天天，这几位小嘉宾对于很多观众来讲，都是无法抹去的经典回忆，所以这档节目在刚刚播出时，就赢得了很好的收视率。

在节目中，明星爸爸们都要还原到父亲的身份，与自己的子女完成三天两夜的乡村体验，并且要照顾好孩子的饮食起居。节目组也会给这些明星父子（女）设置一系列的任务环节，将他们最真实的一面展示在观众面前。在这短短的三天两夜中可谓是状况百出，但这短暂的相处也成为拉近父子（女）关系最有力的契机。明星父子（女）要一起完成各种各样的挑战，有时也需要小朋友自己完成一系列的任务。在完成任务的过程中，爸爸与孩子们都会使出浑身解数，放下“明星包袱”，将最真实的一面展示在观众面前。例如在节目中经常会出现的一些任务：孩子们用50元买菜、

① 数据来源：央视索福瑞媒介研究-中国广视索福瑞媒介研究（CSM）. http：//www.csm.com.cn/.

守护鸡蛋、找食材，父亲们利用孩子的食材做饭、选房间等。在完成任务的过程中展示了各位明星爸爸生活中最真实的一面，并实现节目本身想要传达的教育理念，明确了节目的主题。

在中国版的《爸爸去哪儿》中，通常会给这些明星父子（女）设置一些比较具有难度的任务，并让他们生活在一些比较恶劣的环境下，增加了整档节目的冲突性和可看性。同时让观众看到他们“接地气”的一面，并通过他们的处境能够感同身受，看到这些明星爸爸与孩子们一同成长和进步。

在韩国版的《爸爸！我们去哪儿？》中，节目组不会刻意地给嘉宾们制造一些困境，所设置的任务也不会有特别大的难度，而是让父亲与孩子在比较轻松、愉快的环境中产生一系列互动。但在中国版的《爸爸去哪儿》中，节目组则会刻意地制造一些难题。这也是中国版的《爸爸去哪儿》和韩国版的《爸爸！我们去哪儿？》的区别。

第二节　特殊任务类真人秀本土化结合点

大部分类型的真人秀节目在引进国外的模式后都会进行本土化的改造和创新。特殊任务类真人秀同样充分立足于我国的社会发展状况，符合我国的社会观念变革。

一、社会发展状况的折射

《爸爸去哪儿》这档节目的制片人曾经提及“之所以引进这档亲子节目，是因为都市的快节奏生活使父母和孩子间很难有机会共享天伦之乐，节目并不是为了秀一下‘星爸’和‘星二代’的生活八卦，而是为了给‘80后’父母们展示出一部生活教育百科全书”[①]。所以《爸爸去哪儿》的引进，其实是为了帮助这些年轻父亲与自己的孩子沟通和交流，这同时也折射出中国现今社会发展的一个状况：当下绝大多数家庭中父亲教育的缺失与呼吁父亲教育回归的愿望。中国家庭的育儿方式和观念近几年一直在发生着改变，特别是随着性别平等观念的普及和女性社会经济地位的提高，很多家庭已经不是完全由女性承担的传统的育儿方式，父亲也逐渐成为分担这一家庭重担的重要角色，越来越多的人意识到父亲对于孩子的教育是十分重要的。但是由于我国传统的家庭分工和“男主外，女主内”的观念，以及一些传统的社会角色分工，导致很多家庭教育缺失了父亲这一角色的分量，父亲扮演的往往是家庭经济支柱的角色，而没有参与到孩子的养育和教育中，导致孩子一定程度上的父爱缺失和性格问题。美国心理学家柯尔伯格认为，儿童时期是性别角色形成的关键时期，而父亲对男孩和女孩的性别角色形成同样重要。在中国的家庭关系中，“受儒家文化影响，其家庭伦理与家庭责任格局一般都是‘男耕女织’‘男主外女主内’以及‘慈母严父’式亲子关系。即使进入当代社会，这种家庭关系的路径依赖仍较为明显，父亲在家庭教育中的缺失是普遍现象，母亲往往在家庭教育中占绝对主导地位，孩子缺乏与父亲的交流和沟通”[②]。父亲与孩子之间始终有一条比较清晰的界限，导致孩子并不愿意把父亲当作自己的倾诉对象，甚至不愿意与父亲沟通，所以父亲在家庭教育中的角色缺失十分普遍。《爸爸去哪儿》的出现就刚好体现出我国社会对于这一问题的重视。

在《爸爸去哪儿》中，节目组通过节目中5对明星父子（女）的互动，更加直观地展示出父亲这一角色在家庭教育中的重要性。也能让观众意识到父亲应“亲临”教育第一线，因为有很多事情是母亲没有办法教给

---

① 中国版《爸爸去哪儿》湖南卫视10月11日开播［EB/OL］.http：//yule.sohu.com/20130926/n387284649.shtml.

② 赵爽.探讨《爸爸去哪儿》成功的因素［J］.今传，2014（1）：83-84.

孩子的，比如：父亲在生活上能给予孩子更多的安全感；比起母亲，父亲更能培养出孩子的责任感以及坚强和勇敢的品质。这些品质的培养远比知识更重要。只有父亲亲身参与到家庭教育之中，才更有利于培养孩子健康的人格和自主能力，帮助孩子更好地适应现实和未来社会。《爸爸去哪儿》的总导演谢涤葵曾表示，他始终坚信“父亲是孩子个性品质形成的重要源泉”，他也希望《爸爸去哪儿》对于有孩子的观众来说会有很好的启示作用，能够在寓教于乐中更好地营造健康的亲子关系。

《爸爸去哪儿》安排5位明星父亲带着孩子在陌生环境下独立完成一系列任务，是对传统家庭亲子关系模式的一种挑战和颠覆。作为一档极具趣味性同时又极具教育意义的节目，节目组给明星父子（女）设置了重重难关。他们需要一起面对各种各样的困难，一同解决困难完成任务。观众能够通过这档节目感受到父亲这一角色在家庭教育中的重要地位，又能够学习到如何拉近父子之间的距离，引导身边的爸爸们重视起对孩子的教育与陪伴。这档节目的出发点和落脚点以及节目对于父子关系的关注与呈现，使整档节目具有良好的社会效应和深刻的教育意义。

二、社会观念的变革

在特殊任务真人秀中，不仅能够反映出社会发展的状况，同时也能够体现出国民观念的变革与冲突。在《爸爸去哪儿》中，这种社会观念的冲突体现在两方面：一方面是视觉上的冲突，另一方面则是观念上的冲突。

1. 审美与审丑

在特殊任务真人秀中，我们会发现节目组经常会通过各种各样的任务来制造冲突，并通过完成任务的过程来完成对人物形象的塑造。比如在《花样爷爷》《花儿与少年》和《爸爸去哪儿》中，都会通过一些特殊任务，比如穷游，来有限地损害明星的形象，通过这样的方式故意“捉弄”

明星，让明星出丑，从而让观众看到一个比较丰富的、励志的，但同时又是真实的、完整的人物形象。

与韩国版的《爸爸！我们去哪儿？》有一点比较明显的区别，中国版的《爸爸去哪儿》会给嘉宾出些“难题”，想尽办法让嘉宾处在困境之中。这也是节目在分析过我国观众的一些受众心理后做出的一些本土化改造，任务的设置不仅使所有的人物形象都更加鲜活立体、接地气，同时也满足了受众的补偿心理、猎奇心理、平衡心理，节目也更具趣味性和可看性。而韩国版的《爸爸！我们去哪儿？》并不会刻意制造让明星老爸们出丑的环节，而是让这些老爸与孩子们平静地享受一次次的旅程，并呈现出父子在一次次旅途中自然的互动状态。

在《爸爸去哪儿》第五季中，有一期节目把6个孩子全部交给实习老爸邓伦一个人带，其他爸爸则在深夜被迫与孩子们分离出海去打鱼。孩子们的哭闹和不配合把这位实习老爸搞得焦头烂额，而这位实习老爸手忙脚乱带孩子的过程也成为这期节目最大的看点。节目中还有很多让老爸们出丑的竞赛环节，例如泥潭足球、明星老爸挤牛奶、挠脚心换早餐等，这些游戏竞赛也让这些明星父子把更加真实的一面展示给观众，使得节目更加真实好看。

在中国版节目里，参加节目的明星爸爸与孩子，往往被安排到比较极端、恶劣的生存环境中，通过一系列比较具有难度的任务设置与环节挑战，增加整档节目的故事冲突性。同时节目也着重刻画了每一位父亲从最开始手忙脚乱迎接挑战到最终战胜困难的过程，着重体现爸爸与孩子共同成长与进步的过程，从而使整档节目更具教育意义。这些环节的设置，很好地满足了受众的需求，这种审美与审丑的对抗性也使得节目更具可看性，更是我国对这一节目模式进行的本土化改造。

2. 价值观念的宽容度变高

在中国版的《爸爸去哪儿》中，除了审美与审丑的冲突外，还会有一些观念上的冲突。例如可能在中国人传统的家庭观念下，“孝”是对儿子这一角色的要求。在传统社会中，“孝”要求的是子女对于父亲权威的尊重、服从，甚至是对父亲的绝对顺从，这种传统观念下的父子两人的关系是不平等的。中国人对于家庭始终有着特殊的依恋，家庭内部成员间的关系十分密切而微妙，而父子关系中的“孝”在中国传统社会的家庭伦理中是极为重要的一条。“孝”作为父子关系中的最基本的原则，甚至成为了家庭伦理的核心准则。但是在《爸爸去哪儿》这档节目中，我们会发现节目里有很多小细节都在向我们展示着，“父与子”的关系并不意味着子对父的绝对顺从，两个人的关系是平等的。这档节目不仅仅见证了孩子的成长与进步，同时也是父亲们成长的见证，父亲与孩子需要共同成长，很多明星爸爸也是通过这档节目才找到父亲这个角色的意义。这些打破传统观念的冲突也是节目很重要的看点。而在节目中，孩子们对待自己爸爸的态度打破了我们对于父子关系“传统”的看法，这些冲突的出现反而使我们重新审视了父与子之间究竟应该用一种什么样的状态去相处。

在《爸爸去哪儿》第五季中，有一位非常典型的父亲，就是硬汉老爸陈小春，他身上有着绝大多数中国父亲所具备的性格特征——威严。但他的儿子小小春的出现，让很多人不禁为之动容。陈小春与小小春是典型的威严老爸和可爱萌娃的组合，老爸是稳重又威严的性格，尤其是脾气确实不小，相比于其他有耐心的爸爸来说，陈小春还真有点不耐烦的意味。在一次户外活动时，小小春拿着扩音器喊着玩，多次被陈小春阻止。小小春刚开始没注意，结果陈小春生气了。两人开始用英文对话。一般的小孩在爸爸发脾气的时候可能会因惧怕爸爸的威严而认错，但是令观众没有想到的是，小小春竟然和陈小春讲起了道理。

陈小春：Can you stop？（你能停下来吗？）

小小春：OK.（好的。）

陈小春：What are you doing？（你在干什么？）

小小春反击：What are you doing？（你在干什么？）

陈小春十分生气，再次重复：What are you doing？

这一幕之后，陈小春带小小春离开。中间不停地让儿子走快点，小小春慢慢地走在后面，完全跟不上陈小春的节奏。陈小春又急了，大声地喊着，让他快点。最后，小小春来了句经典台词：

小小春：Can you stop angry now？（你能不要再生气了吗？）

陈小春当场愣住：Sorry？（你说什么？）

小小春拿起扩音器重复了一遍：Can you stop angry now？

当小小春说出这句一般人认为这个年纪不会说出的话时，陈小春终于也意识到自己的态度有问题，立马向儿子道歉。之后采访时，陈小春表示说他从来没想到儿子会跟他这样对答，这辈子都不会忘记这段对话。小小春的这句话在一瞬间就击中了硬汉爸爸陈小春心中的那块软肋，令他震惊不已。小小春的表现得到了观众的广泛认可和一致好评，绝大多数的观众都认为这种做法值得称赞，孩子能够与父母合理有效地沟通是很重要的，父母也应该学会聆听孩子。同样，这件事向我们展示出我们的社会对于这种新观念的宽容度，也向我们证明了传统观念正在发生变革，父与子之间应该是平等的，要学会聆听彼此的内心。在节目中还有很多类似的例子，都在向观众证明，所有的爸爸也都是第一次做父亲，他们也会犯错，也需要成长，这始终是孩子与父亲共同进步的机会。

三、总结

在我国的特殊任务真人秀中，我们会发现，基于原版节目的本土化改造不仅会折射出我国社会发展的状况，同时也能够很好地通过这些任务的设置完成对于人物形象的塑造。例如在《爸爸去哪儿》中，我们会发现父亲这一角色在家庭中的重要性，也能够充分意识到社会发展过程中这一问题开始受到关注，很多传统的家庭伦理观念无形之中也在发生改变。这提醒我们，必须要根据现阶段社会的发展状况和新兴的价值观念来调整节目的内容和形式，只有这样才能够制作出更受欢迎的节目。

余　论

中国模式在路上

著名学者胡智锋在“电视艺术理论名家系列访谈”中指出：“强调本土化，是为了让我们的电视实践和电视理论在走中国特色的道路和路径选择上更加自觉、更加自信。中国电视主要还是由中国人来做，给中国人看的。中国电视的理论研究主要是解决中国现实中的各种问题，这就使得本土化不仅是必要的，也是必然的。也只有坚定地走本土化的道路，才会使中国的电视更加贴近中国观众，让中国观众更加满意，并在世界电视格局中占据它独特的份额。同时，也会使中国的电视理论对中国电视实践产生更大的、更有效的指导作用，进而在电视理论研究的国际格局中拥有它独特的地位和价值。”

毋庸置疑，对于模式节目本土化的研究具有鲜明的现实意义和不可替代的传播价值，它为版权贸易研究提供了新框架。其兼顾版权产品的商品属性和文化属性，为破解中国版权输出困局和优化治理提供“供给方—需求方”联动的分析框架，使得版权贸易研究在以往单向度研究的框架基础上又增加了一个间性分析框架。

版权贸易是一种特殊的国际贸易，它是经济活动中的文化事业，又是文化交流中的经济活动①。世界各国在文化传播的过程中往往会为了传承本国文化，主动或被动地选择自我保护，中国版权贸易逆差成因集中体现在三个层面：

第一，政策层面。我国支持版权输出的政策存在着归口多、程序复杂、统合力度低等问题②。

第二，市场层面。全球版权贸易市场上的各个经济体的紧密程度增

① 赵启正. 善于“俘虏”他人的“说道”——序《版权贸易十一讲》[J].中国出版，2011（3）.

② 蔡晓宇. 中国出版十年“走出去”历程的回顾、反思与展望［J］.出版广角，2015.07：44.

强，但中国与欧美等版权强国在产品上存在着较大差异以及贸易互补性。因此，在较长一段时间内，版权贸易逆差仍将存在。

第三，文化交流层面。相当多的学者发现文化因素是影响版权输出的重要变量。文化差异、文化误读等因素造成中外文化隔阂以及国外受众对中国出版内容的接受障碍[①]。

随着对外开放的深入以及国力的日益增强，作为全球第二大经济体的中国，融入世界大家庭，进而成为时代的主导，让中国文化通过综艺模式节目向世界介绍自己，让各国更了解中国至关重要。

我国的中医、武术等传统文化因其独特的中华文明色彩长期以来被其他国家所认识，但仅有这些领域的沟通是远远不够的，寻找反映中国特色的思想、理论、观念、文化等核心思想价值的，尤其具有独到见解并引领国际社会思潮的作品，才是未来可持续发展的路径。

真人秀模式节目在本土化的市场探索中还处于初级阶段，本书中对于六类真人秀模式节目本土化路径的研究尚有不足，但是随着节目的日渐成熟和发展，以及更多优秀节目的制作出现，笔者还将继续保持关注，并在此基础上进行抽丝剥茧的分析研究进而形成理论梳理，借此为节目制作者、版权输出决策方提供一定的理论依据，以期提高我国真人秀模式节目的社会效益和经济效益以及国际影响力。

① 刘健，严定友. 跨文化传播视野下中国出版走出去策略［J］.中国出版，2017（9）：52.

附录一

游戏竞赛类真人秀案例摘录

案例一：

节目名称：《奔跑吧兄弟3》　　　　节目标题：利莫里亚之战

播出时间：2015年11月20日

节目梗概：实力偶像“跑男团”们化身成炫酷的“地球科学精英”，为了守护代表地球科技的芯片与变身“外星间谍”的利莫里亚星球战士王祖蓝和谢娜展开了一场斗智斗勇的追捕大战。[①]

节目台本：

旁白：利莫里亚战士们在地球多年的潜伏非常成功，地球人已经研发了一种高科技芯片，为了锁死地球科技，我希望你们能把它偷出来带给我。

陈赫：芯片没有啦。

王祖蓝：不可能的。

谢娜：大家好，知道我是谁吗？这么没有悬念。

邓超：马栏山的口音太重了。

杨颖：拉住他。

陈赫：今天我就问一下，还有谁？

李晨：回来吧。

陈赫：好刺激。

邓超：还有谁。

李晨：然后是……邓超是谁？他老是说自己什么？

路人：帅哥。

① 凤凰娱乐.《奔跑吧兄弟》路人成“主角” 谢娜被张杰粉丝感动哭［EB/OL］. https://ent.ifeng.com/a/20151121/42530791_0.shtml.

邓超：我觉得这事太简单了。

郑恺：我们其中一个人是利莫里亚战士。

李晨：我不知道，反正我现在能相信的只有你跟baby（杨颖）。

邓超：但你现在自己很危险，你明白吗？

谢娜：怎么可能？

邓超：你又在怀疑我了吗？

陈赫：搏一下了，现在。

郑恺：拯救地球的重任就落在我们身上了。

王祖蓝：我现在就要去了？

陈赫：抓到他我把他给吃了。

李晨：他们绝对不是外星人。

郑恺：撕掉他，我们就赢了吗？

杨颖：我看到了，看到了。

邓超：你们真的疯了。

王祖蓝：这些外星人好恐怖。

郑恺：机会就在眼前，我要不要下手？

陈赫：地球，即将被拯救。

合：奔跑吧兄弟！

旁白：利莫里亚战士们，你们在地球多年的潜伏非常成功！现在终于到了为利莫里亚星球效力的时候了。我们得到可靠消息，地球人已经研发了一种高科技芯片，它将改变地球未来科技走向。为了锁死地球科技，我希望你们把它偷出来带给我。明天晚上8点整，我的飞船会准时降落在深圳欢乐海岸的湖面上，但我只能停留十分钟，希望你们及时赶到，我会把你们带离地球。

李晨：我的妈呀！什么任务来到这么神秘的地方。

杨颖：全球发布会。

李晨：全球发布会还有红地毯。

陈赫：让我猜一下，芯片一定被偷了。

导演：待会儿你们可以看到。

邓超：好讨厌你啊，但是我知道今天有内奸！

王祖蓝：今天又有内奸！

邓超：我感觉到。

案例二：

节目名称：《奔跑吧兄弟3》　　　　　节目标题：黑白天使之战

播出时间：2016年2月10日

节目梗概：成员们分为黑天使和白天使两队，孙俪是白天使队的女王，而跑男团成员们的身份是隐藏的，大家需要找出各自的队友，寻找线索，进行对决。小猎豹郑恺在这期节目中隐藏自己白天使的身份化身骑士，一直保护“娘娘”孙俪，最终获得胜利。

节目台本：

导演：各位，今天的主题是黑白天使的对决，白天使有五位，黑天使有三位，其中孙俪的身份是白天使队的女王。而其他七个人的身份则由你们自己抽取。特别提醒一下，你们各自的身份请保密，只有你们自己知道。接下来我宣布游戏的分队。

杨颖：分队。

导演：邓超、郑恺、Angelababy（杨颖）、王祖蓝，你们四个是一队，剩余的人是另一队。

孙俪：是这样的吗？

邓超：我们这一队……

陈赫：什么意思啊这是？我们这一队强到爆炸！强到爆炸你知道什么

意思吗？

孙俪：爆炸吗？

陈赫：爆炸。

孙俪：是你的体重爆炸吧？

邓超：真的要这样分组吗？

导演：对，今天的分组就是这样。

陈赫：你今天“恶棍”，想碰到我们的天使必须先把我们的门，把我们这扇门给打开。

鹿晗：是这堵“墙”吧？

陈赫：我们这里还有傻狍子，还有傻狍子看门。

邓超：你决定要待在那儿吗？

李晨：然后傻狍子要蹲在这，蹲在前面。

邓超：你还真当傻狍子。

李晨：往那边蹲。

陈赫：然后傻狍子中枪。

导演：接下来我们要去往第一个场地，要进行第一个游戏。

所有人：奔跑吧，天使。

鹿晗：保护孙俪姐。

陈赫：保护孙俪姐。

鹿晗：白的啊？

陈赫：白的啊？

李晨：提防所有人，因为节目组全天只给了你一个人身份，而我们剩下的七个人的身份都是不公开的，真实身份都是隐藏的。你是什么，可以告诉我，没事。

鹿晗：我？我也不知道。

李晨：你知道了吧？每个人都会把自己的身份藏得很深很深。

王祖蓝：所有白天使就保护孙俪，然后黑天使就是……

郑恺：黑天使把白天使out。

杨颖：知道啊。

郑恺：对吧？

邓超：肯定是两队的一个对垒。

郑恺：白天使女王。

王祖蓝：那其实要你撕她，你真的撕还是不撕？

邓超：我不会手软的。

王祖蓝：不会手软就撕自己。

所有人：哇哦。

陈赫：吃饭了对吧？

王祖蓝：好大一个碗。

郑恺：这干吗的？

陈赫：如果这是一大碗面那痛快了。

王祖蓝：我要下个面，下个面。

陈赫：给我们来碗面吧。

李晨：今天由我负责来照顾白天使队的队长。

陈赫：我们今天是猪鹿牛保护白天使。

李晨：真的。

陈赫：给我们做个动画。

李晨：我刚才有跟孙俪介绍我们的一些游戏规则，千万不要相信你。

邓超：不要相信我？

李晨：这一天。

邓超：只要她敢来，我就撕碎她，不管是谁，撕碎。

孙俪：一般叫嚣最厉害的都是最没有能耐的人。

邓超：我已经提前宣战过，提前宣战过。

导演：请领任务卡。

旁白：饭碗争夺赛，两队八名成员在大碗中跟随音乐一起跳舞，在音乐结束后可以把对方队伍的成员推出大碗，被推出的人仍然可以想办法爬进来，在结束哨声响起后留在碗内人数多的队伍获胜。若孙俪所在的绿队获胜，孙俪可获得一条有利线索。

……

（孙俪队伍获胜）

导演：10、9、8、7、6、5、4、3、2……时间到，绿队获胜。因为在吹哨那一刻王祖蓝的两只腿还在外面。经过最后的比拼，绿队最后获胜。

王祖蓝：对不起啊。

杨颖：没事了。

导演：孙俪，你这个队加上你总共两个白天使，你那边有两个黑天使。

鹿晗：黑衣人。

邓超：交换找到黑衣人。

李晨：换一换也有意思，你可以尝试一下。

孙俪：我觉得小鹿的表情似曾相识。

导演：好了吗？你换鹿晗，跟谁换？

王祖蓝：你不会要baby（杨颖）吧？

孙俪：我要你。

陈赫：他是黑天使我觉得，真的。

李晨：我也觉得是。

王祖蓝：聪明的选择，不要听他的，我一定会帮你赢的，一定会帮你赢的。

陈赫：姐，你为什么把鹿晗换走呢？鹿晗我觉得刚才挺拼的。

李晨：给了你什么信息，你也可以不告诉我们。

陈赫：没有，因为……

孙俪：没有信息，我就觉得他眼神有闪躲。

郑恺：俪姐平时是一个第六感比较准的人吗？

邓超：是的。

案例三：

节目名称：《奔跑吧兄弟2》　　节目标题：老友福利特辑

播出时间：2018年6月8日

节目梗概：节目中，娄艺潇、李佳航、邓家佳、孙艺洲、李金铭欢乐来袭，与“伐木累”挑战水上传送带、“拔萝卜”、撕名牌，用游戏唤醒你的追剧回忆。此外，卧虎藏龙的“超级能力联盟”也将震撼加入，用自带CG效果的“神秘力量”协助兄弟们完成挑战。“撕名牌大战”再次惊喜归来。节目中，兄弟团与“爱情公寓”成员分为紫、白、黄三队，进行了一场奔跑史上最扑朔迷离的“撕名牌大战”。[①]

案例四：

节目名称：《极限挑战1》　　节目标题：悠长假期之冰封王座

播出时间：2015年7月26日

节目梗概：参演“极限男人帮”的黄渤、孙红雷、黄磊、罗志祥、王迅、张艺兴在拍摄《极限挑战》时，意外被雷“劈”回到几百年前的大明朝，六人得到皇帝恩宠，却因为一个失误造成皇帝驾崩。六人跌跌撞撞穿越回现代后，却发现历史已经被改写，他们也变成了没有身份的“黑户”。为找回身份，他们被迫根据皇帝留下的“圣火令”寻找皇家宝藏，踏上亡命之旅。

① 浙江卫视官网.《爱情公寓》来袭引发回忆杀 《奔跑吧》邓超、陈赫撕名牌自相残杀［EB/OL］. http://www.zjstv.com/zcloud/4752952.html.

节目台本：

王迅：现在的皇帝是罗志祥，如果他能在16：30整到达玉龙雪山之巅，并坐上龙椅的话，就能永远成为颜朝的皇帝。而其他人的身份也将固定。固定了，我们就固定了。

黄磊：带着小红花就再不摘了。

王迅：并将跟随皇帝返回颜朝，彻底失去翻身的机会，无论你们是想继续保持皇帝的地位，还是希望改善自己的身份，这都是最后一搏的时候了。

黄磊：小渤小渤你想当皇上？皇上都走了，我跟未来的皇上先聊完。皇上没用呢。你最有机会的，你想不想当皇上？行，你来个眼神，你来一个忠臣那深沉的眼睛，小渤。

黄渤：皇上？

黄磊：你看你的感觉，你感觉一下，你感觉出来说舒不舒服？

黄渤：感觉真的不太一样了。先等等。

孙红雷：未来的皇上，渤皇上。

王迅：革命尚未成功，你们在抢啥？五个人，六个人干，早当皇上不一定好事。

孙红雷：干完，往死弄。弄。

黄磊：我们三个奴才先潜伏到他边上，啊，一会儿咱们山上见，一会儿咱们见了，都是革命同志。

孙红雷：努力啊。

黄渤：我不得不求助你了，那现在我应该怎么做？是灭掉皇帝，还是先偷偷地潜伏在里边？最后一个保住皇帝。我要怎么做呢？他刚才跟我说，说之前我所有的抱负，来这的目的是为了什么，要想清楚。

张艺兴：怎么还要上？我是真的怕。往上看啊。

黄渤：其实你看着外边的群山很险峻，更险峻的是每个人的心。

黄磊：那黄渤在小猪的前面，他是等着小猪到的时候，要干掉小猪，现在不追就没机会了。他在小猪的前面。

黄渤：我必须要离孙红雷远一点。你看他现在努力地在往前走。他离我越近，危险就越大。

罗志祥：我给你个任务。这边等着，挡着红雷哥，我看你表现哦。我也在上面看你表现，别让他上来啊。

张艺兴：我没办法不让他上来，他能力那么强。

罗志祥：我让你挡住他啊。

张艺兴：你可以往上走啊，小心点，扶着点。

孙红雷：给你瓢，起来。艺兴，你忘了，你忘了你现在在哪了。

黄磊：皇上我有什么任务没有啊?

罗志祥：挡住红雷哥。

孙红雷：刚才有给你们允诺什么吗?

王迅：你推开我们呗。推着我，推着我。

孙红雷：起来。

黄磊：小心小心。

黄渤：没有力气了，哇！这高原已经不行了，晕死我了。好晕啊。这有多高？啊！4500多！快。我自己拆吧一下，谢谢！

周冬雨：咱们走吧。

黄磊：来，艺兴，可以的。

罗志祥：艺兴挡住红雷哥。

黄磊：休息，休息会儿，休息会儿。休息一会儿，我得站一会儿。

孙红雷：快快快，给他氧气。

黄磊：听我的，张艺兴，不能硬来。站一会儿，缓口气还能走。

孙红雷：艺兴别硬来，听话。

黄磊：你就一直吸，吸到底。慢慢地，深呼吸。好，休息会儿，原地休息会儿，你等氧供上了，别着急。

罗志祥：我赐一个展昭在我身边，所谓展昭呢，就是可以帮我挡住任何危险的事情。我给你个任务，就是帮我挡住红雷哥。我会看你表现哦。

张艺兴：我尽力哦。

黄磊：艺兴在玩儿命，艺兴，不在这一时。

孙红雷：艺兴，我们不抢了，行不行？我们不要了行吗？我们一块上去行吗？

罗志祥：极限挑战，这都是个命。

黄渤：这都是命，就差最后一点儿了。登上去，我就是第一名。

罗志祥：极限挑战，我在雪山。

黄渤：我要帮小猪保住这个王位。我再回前朝成为国师。

罗志祥：不可置信。极限挑战，你们已经挑战我们的极限了。

黄渤：就差最后这几步了。3、2、1，耶！我见到了！我终于见到了！哇，属于王的。这么美丽的风景，属于勇于挑战的人的。我登上来了！第一个，所以我第一个见到了这么美丽的景色。

黄磊：你感觉一下，感觉一下舒不舒服，舒服不舒服？黄皇上，未来的皇上。

黄渤：有朝一日，我们也让所有人跪拜在我的面前好吗？就在此时此刻我依然有可能成为王，他对我的诱惑依然是有的，在雪山之巅。王快上，王快上。

黄磊：皇上、皇上你先上去，他等着砸你呢。我替你上去抱着他，相信我小猪。

罗志祥：我不要，你别烦我啦。

黄渤：你选择相信我还是不相信我？

罗志祥：我相信你的。

黄渤：你含住了，含住了。我喷，你就往里吸。

黄磊：我没事。

黄渤：现在几点了？

导演：25分。

黄渤：还有5分。

红雷：先上来再说。

黄磊：皇上。

王迅：登基大典。

罗志祥：我要赦免艺兴。

王迅：你可以敲人了。

黄渤：即使最后一秒钟，我依然。

罗志祥：我相信你的。

王迅：他相信你。

孙红雷：皇上，我们等着你。

黄磊：他当国师已经赚了。

罗志祥：时间到了没？

黄磊：王迅走开。

孙红雷：10、9、8、7、6、5、4、3、2……

罗志祥：我相信你的。

孙红雷：1。

王迅：敲他。

黄渤：失败什么？我是最开心的。我估计我比皇上的高，变成了那样，不光我潜伏到几百年后终于找到一代明君，真正的有了一位颜王。所以说我还是忠诚的。很感谢这个极限挑战呢，用这个机会登上了雪山，看到这个美景，相当地感动。很荣幸。极限挑战，谢谢大家。这是中国的真人秀史上啊，登上最高峰的一次。我们为此感到特别特别的骄傲。

附录二

明星才艺竞赛类真人秀案例摘录

案例一：

节目名称：《舞林大会》第五季　　节目标题：众评委吐槽女星雷舞步

播出时间：2012年3月4日

节目梗概：在本期节目中选手孟茜是一位零基础的跨界舞者，她在节目中以旗袍造型演绎20世纪30年代老上海风情舞蹈，她的舞步却让所有评委都不敢苟同。表演完之后，评委直接毫不客气地“炮轰”，评委们的集体“炮轰”让孟茜情绪迟迟未能平复，一下台就泣不成声，甚至连最后的淘汰环节都没有参加。

节目台本：

王冠：好，我们马上有请我们今天下半场的下一位选手孟茜。

孟茜：大家好，我是孟茜，我演过戏，拍过广告，唱过歌，可就是没有跳过舞。

刘小冉：第一次见她，她很漂亮，然后感到这个人很温柔。

孟茜：坦白地讲，真的好紧张，因为这两天我一直肚子痛，今天是第三天。我觉得女性的话，还是没有力气，虽然吃了药，可是没有办法，我尽了最大的努力，可是还是做不到舞蹈老师对我的要求。

刘小冉：我觉得孟茜是八组中最没有基础的一个，她连国标舞都没有听说过。

孟茜：其实每天晚上的时候我都睡不着觉，这几天我几乎都睡三四个小时，然后就说怎么办怎么办，你说，我跳得这么烂，怎么去面对朋友也好，支持我的人也好，我觉得真的很丢脸，怎么办怎么办，时间都来不及了，我不跟你们聊了。

李晨：有请孟茜。谢谢孟茜。

王冠：很快节奏的舞蹈。

李晨：孟茜跳完感觉怎么样，有没有喘不过气来？

孟茜：有，对，因为可能是太紧张了。

李晨：太紧张了。

王冠：对，而且因为步伐特别的快。

孟茜：要快。

王冠：我们来听听评委老师先用一句话来总结一下，方俊老师。

李晨：方老师。

方俊：我终于看到什么叫过马路了，谢谢。

王冠：金星老师。

金星：谢谢你给我们带来今年2012年《舞林大会》的一个惊喜，谢谢。

王冠：这个等一下要问一问，我们先Scott。

Scott：非常抱歉，我看过各种快步舞31年了，这种快步舞是我从来没有看到过的。

李晨：好，我听懂了一个字，对不起，自健。

王自健：我刚来上海说要录这个节目的时候跟方老师第一次见面，我就向他承认说我一点儿都不会跳，因为我天生没有平衡感，但是看完这个舞之后，我觉得下一季的话我做选手应该也是可以的。

王冠：好气人，跳舞哪有这么简单。

孟茜：我来《舞林大会》之前是完全没有接触过舞蹈，所以在这两天我觉得我已经尽力了，虽然我知道我跳得不好，那我也觉得要谢谢各位评委老师，没有太多的批评我，真的很感谢你们。

李晨：你意思是说批评不够？

方俊：我们还没开始，还没开始。

孟茜：因为我自己也非常地有自知之明，因为我真的是跳得不够好。

王冠：但是我刚才听到金星老师有说，今天她看到了一个惊喜，我觉得我们是不是应该听听这个好消息。

孟茜：其实我觉得可能她是觉得我们两个挺搞笑的。

全国：我们先听听，金老师你说的惊喜指的是？

金星：我觉得她，怎么讲，无知者无畏。我觉得她可能自己说得很清楚，因为说没跳过舞，你要说你从来没跳过舞，我觉得我为你的勇敢精神，我要给你投一票的，确实很勇敢。而且你也很具有娱乐性，咱跳不好还跳不坏吗？您跳坏了，您今天跳得真够差。

李晨：所以在跳坏的这一条道路上她走得还是非常顺。

金星：所以说我看到一个惊喜。

王冠：对，不好意思，没等来好消息。

孟茜：重在参与，因为我觉得虽然不会跳舞，但是我觉得我敢于站在这个舞台上，我也希望有更多不会跳舞的艺人来参加。

王冠：对，就像明年自健就准备来参加了。

李晨：对，不会跳舞的代表。

王自健：我特别不同意你刚才说的那个话，你从头到尾自己笑场，笑来笑去。

孟茜：我们这个舞蹈叫快步舞，必须要整场舞笑着跳，因为我不是专业的舞蹈演员，可是我已经尽力在做了。那我觉得我值得骄傲的是我勇敢的精神，就像你们所看到的，我不在意，我不介意在这个舞台上当别人的绿叶，可是这个舞台上需要绿叶，这样子才能衬托出更多优秀的舞蹈演员的鲜花，没有绿叶怎么可能有鲜花。

方俊：孟茜，我想说，什么叫优秀的绿叶？刚才李晟走的时候我真的认为她是优秀的绿叶，因为她全部尽力了，然后她把别人的花衬出来了。刚才有幸我碰到李晟的经纪人，他跟我说，方老师，今天输的，李晟都感觉满意，因为大家都拼了。

金星：从我的专业角度来讲，当你第一个动作第一个眼神笑容的时候我知道了，我就不能从专业那个角度来看你的舞蹈、要求你。所以我觉得这个表演从另外一个角度我还接受它，因为我看到了这么一个上海30年代的一个精致的女人，要胸有胸，要臀有臀，要脸相有脸相的，满大街跑，男人就喜欢这样没有脑子乱跑的女人，好管。不是说你孟茜，是你塑造的角色，孟茜不要领会错了，上一届那叫巩什么来的。

王冠：巩新亮。

金星：她就领会错了，刚才你在舞台上三分钟塑造这个傻女人塑造得非常好。我要在一个短时间纠正一个动作的话，当你抬起膀子的时候，你再抬一下，把肩膀落下来，有意识把肩膀落下来就可以。你再抬一下膀子，对，手抬起来，好，注意肩膀落下来，对了，下巴往上抬一点点。好了你记住了，你这就很标准很漂亮了，要有意识。作为一个女演员，一抬膀子要有意识，把你的下巴、你的脖子全露出最漂亮的时候，所以你要增强这个意识。如果这次《舞林大会》你学回去以后，你回家照镜子，再抬起你那美丽的膀子的时候，你说我还有这么长的脖子，就好看了，明白了吗?

孟茜：谢谢老师。

王冠：好，有请我们的四位评审老师来为我们的孟茜打分。首先有请Scott。

李晨：9分。

王冠：方老师。

李晨：9分。

王冠：金星老师。

李晨：5分。

金星：对于舞技。

李晨：5.9分。所以孟茜最后的得分是28.9分。不管怎么样还是要掌声送给我们的孟茜。

附录三

生活服务类真人秀案例摘录

案例一：

节目名称：《梦想改造家》第一季　　　　节目标题：文艺小夫妻的家

播出时间：2014年9月10日　　　　　　　录制地点：上海

节目梗概：节目聚焦位于上海市密云路的一套30平方米直筒型老公房。一对为梦想创业的文艺小夫妻、三只调皮捣蛋的“混蛋猫”，让狭小的空间显得更加混乱不堪。面对非常有限的改造预算，如何最大限度地节约成本，为这对文艺小夫妻打造一个温馨的多功能梦想之屋，成了节目给设计师带来的最大考验。①

案例二：

节目名称：《梦想改造家》第五季　　　　节目标题：孤独的家

播出时间：2018年8月24日　　　　　　　录制地点：辽宁抚顺

节目梗概：来自辽宁抚顺的徐喜兰多年来一直与罹患自闭症的女儿尧华相依为命。由于患病，女儿在生活上无法自理，也无法进行正常的沟通，还会频繁地在房间里来回走动、转圈，甚至不分昼夜地大喊大叫。徐女士不仅要忙于工作，还要全身心投入照顾女儿。随着年龄的增长和病情的发展，尧华在家中的活动变得危险重重，这让徐女士不得不时刻留心女儿的安全问题。同时，由于尧华发病产生的噪音也影响到了邻居的生活……②

① 新浪新闻. 平安助阵《梦想改造家》[EB/OL].http：//news.sina.com.cn/o/2014-09-10/120930819467.shtml.

② 中娱网.《梦想改造家5》为乐观母女打造“治愈系”新家[EB/OL].http：//news.yule.com.cn/html/201808/278574.html.

案例三：

节目名称：《梦想改造家》第三季　　　节目标题：和时间赛跑的家

播出时间：2016年9月6日　　　　　　录制地点：山东青岛、上海

节目梗概：故事发生在青岛市建于20世纪90年代的工人新村，委托人夏慧父母的住所。本是生活幸福的一家，直到夏妈妈突然被查出肠胃间质瘤，险些没能从手术台上下来。夏慧不希望妈妈因病情而产生负面情绪，偷偷地报名了《梦想改造家》。①

案例四：

节目名称：《梦想改造家》第五季　　　节目标题：新锐设计师打造温馨之家

播出时间：2018年9月14日　　　　　录制地点：杭州

节目梗概：来自杭州的“80后”年轻夫妇为了孩子的教育、离心仪的优秀学校更近一些而选择了搬家，“新家”却是一个房龄老、空间小、设施简陋的老房子。安全隐患重重，空间设计不合理，生活需求难以满足，居住体验糟糕，搬进新家的孩子也因居住环境变化的巨大落差而表现出强烈的不满情绪。②

案例五：

节目名称：《梦想改造家》第一季　　　节目标题：无法团聚的家

播出时间：2014年7月30日　　　　　录制地点：上海

节目梗概：乐家一家最多时14口人挤在狭小的14平方米空间。这幢年

① 网易娱乐.“改造家”与时间赛跑　史南桥挑战“时间最短改造”[EB/OL]. http://ent.163.com/16/0906/07/C08VJ3JO00037VVV.html.

② 凤凰娱乐.《梦想改造家5》改老小破　新锐设计师打造温馨之家[EB/OL]. http://ent.ifeng.com/a/20180914/43101961_0.shtml.

代久远的恒丰大楼承载着一家人几十年的岁月悠悠，也凝聚了一家人对改造家的盼望。空间狭小的淋浴棚，桌子小14口人无法同桌吃饭，行走困难，楼梯陡峭，油烟重、窗户开启困难，阁楼环境差，没有卫生间，过道厨房隐患重重。[①]

① 凤凰网. 圣象支持东卫《梦想改造家》栏目第一集已精彩呈现［EB/OL］. http：//home.ifeng.com/news/qiyedongtai/diban/detail_2014_08/04/2704661_0.shtml.

附录四

换位体验类真人秀案例摘录

案例一：

节目名称：《变形计》第一季　　　　节目标题：网变

播出时间：2006年9月4日

节目梗概：《变形计》第一季的第一期中，城市主人公与农村主人公互换身份体验7天互换生活。高占喜——他来自于青海的贫困山区，家里一共有5口人，双目失明的爸爸、不识字的妈妈、外出打工的哥哥和没有劳动能力的弟弟。家里没有太多的经济来源，只有在逢年过节时才能吃上一次肉。在这一次仅有7天的交换生活中，高占喜更加坚定了“只有学习才是唯一的出路”。另外一位城市主人公是魏程，因为网瘾而被父母送去改造，16岁的他痴迷于网络不愿意回家，家庭比较富裕的魏程平时在家一天至少要用掉20块钱，但是来到青海后，他却舍不得轻易花掉20块钱。高家为了满足他去看黄河的愿望，把钱都给了魏程，魏程推不掉只能默默接受，当他看到黄河的那一刻突然变得很沉默，之后便失声痛哭。在7天的交换生活中他也学会了如何与家人相处。短短的7天，给两个不一样的家庭带来不一样的希望。

节目台本：

魏程妈妈：程程，吃饭不？让他睡一下。别动他。

魏程爸爸：还睡下吧。

魏程妈妈：还睡下。

旁白：说实话，当魏程被他爸妈送到我们面前时，我们没想到他有着那么多的秘密。鉴于长沙网瘾少年魏程不在网吧，就在去网吧的路上，不在睡觉，就在打算睡觉的床上，我们很难有机会和他说上话，最真实的他活在周围人们的叙述中。首先他是一个生活极其有规律的孩子。

魏程妈妈：一般是晚上出去玩，有时候是早上回来，有时候中午回来，有时候一天也不回来，第二天才回来。

旁白：他身上有很多谜团，比如说爸妈严格控制给他的零花钱，每天20元，可是这点钱去掉他在网吧的大客户包厢费是绝对不够他每天买烟买水，甚至请老同学泡网吧的支出的，他还有别的生财之道吗？

魏程同学：他玩游戏就是有好强心，他每玩一个网络游戏，他都要让自己做到最好。然后每次做最好的时候，他就觉得没意思，然后就换网络游戏玩。

旁白：这里面其实透露了蛛丝马迹。魏程也许就是这样生存的。不过这也是他奇怪的地方之一，他没有永远感兴趣的东西，妈妈曾找人去跟踪过他，发现他有时就是在网吧里泡着，哪怕什么也不干。

魏程爸爸：我唯一担心的就是，我发现他这么玩也不是很开心，所以我挺着急的。

旁白：他身上还有一个碰都不能碰的秘密，那就是他辍学的原因，一年多前他还在湖南省一家重点中学读初一，据说还做过升旗手，成绩排位在前20名。一夜之间不愿再去学校，后来又辗转两所中学，直到决定彻底回家，到底出了什么事？

高占喜今年14岁，和大多数农村孩子一样，他懂事早，因为父亲双目失明，哥哥常年在外打工，弟弟还小，家里基本就靠妈妈和他了，但他的问题不少，第一，他基本不知道外面的世界。比如娱乐明星赵本山和刘德华很幸运被他喜欢上了，但其实他根本分不清两个人谁是谁。第二，这位“高糊涂”说自己最大的缺点就是好吃，总也吃不饱，可他吃了什么呢？听说他这十几年的人生顿顿都在吃一种自家做的黑馍馍。村里其他人家即使吃馍馍也是有咸菜拌的，他家却只有自来水拌。对了，过年时他可以吃上一次猪肉，他还吃过哥哥回家过年时带的三个苹果和糖，其他的他就只能在课本上见到了，比如鱼。

高占喜：人家的厨房条件，生活的地方全部用瓷砖贴了，只有我们用土墙。在我们这个村，我们家算是最贫穷的。

旁白：第三，他经常发点牢骚，他月收入平均为一元钱，是爸爸给的，规定只能买文具，饿的时候想买个馍都没钱。所以有时上着上着课，他就走神了，梦想何时能赚到很多很多的钱。

高占喜：抱怨爸爸妈妈，没有钱给我买东西，但有时候挺一挺就过去了。

编导：怎么挺呢？

高占喜：跟同学们借钱。

旁白：高占喜还有一个缺点是喜欢打人，他专门打他今年小学刚毕业的弟弟，问起原因，他说是气弟弟不爱读书，看来他的理由也很正当，难道他就那么爱读书吗？答案：是的。他在镇上中学读初一，常常是班上前十名的成绩，但他家所在的青海海东地区海拔高，土地并不肥沃，村里孩子只有1/4有条件继续读高中。高占喜两年后就得像哥哥一样出门打工了，这是已经等待着他的命运了，他却毫不知情。

高占喜爸爸：高中，那些娃娃的要求是就要读着呗。那我家庭是没啥给他读的。

高占喜：我相信读书一定会改变我的生活。读书可以使我未来的人生变得更好。前三四个星期吧，我看了《安徒生的童话》，他写得非常的好，写了丑小鸭，我想我现在就是丑小鸭，但是将来我一定要变成一只美丽的白天鹅。

（互换后的第四个清晨，青海民和）

旁白：一大早，魏程和妈妈、弟弟就忙起来了。这里因为土层浅，麦子成熟后大家不是用刀收割，而是直接用手拔出来。妈妈头一晚提出要给魏程戴双手套，但魏程嫌样子丑，勉为其难地戴了一只。“铁砂掌”就是这样炼成的。拿出在游戏里练级的能量，魏程顶着日晒坚持下去了！因为怕过两天下雨和冰雹把麦子打烂，大家都不愿休息。下午高占喜的一个表叔来到麦田里看魏程，他向魏程说起这里离黄河很近，而且风景很美，这引起了魏程的兴趣，做公车过去的话最多也就一个小时到。

魏程：坐车坐一个小时啊？

高占喜表叔：嗯，一般的公共汽车，走一截就近一点。

魏程：坐公共汽车过去要多少钱？

高占喜表叔：也就是个三块。

魏程：我在家里一天要花20块钱，最少花20。

高爸爸：我们占喜一年花不上20块钱。你这次回家你就少花一点。

魏程：你们平时到不到外面去玩的？黄河边上去过没有？

高爸爸：黄河边，你去了吗？

魏程：没去过。

高爸爸：你也知道，这回去了吗？

魏程：没去过。你们去过没有？

高爸爸：我去过啊。

魏程：你去过。占喜占庆去过没有？

高爸爸：这个（占庆）没去过。

魏程：占喜呢？

高爸爸：占喜也没去过。

魏程：占喜没去过。

高爸爸：你想去吗？

魏程：想去。你一个月没选过脚吧？本来就是黑水。他们洗完我再洗。一盆水两三个轮着洗。

（互换后的第五个清晨，青海民和）

旁白：今天魏程有些疲惫，比昨天动作慢了不少，旁边地里的村民急了，见他家大人不在，主动跑了过来。

村民：我帮你，就这点麦子，我帮你拔。

村民：再没有了吧？就这么点，再没有了吧？

魏程：占庆，没有了不？

占庆：没有了。

魏程：谢谢你们了。

村民：不用谢。

魏程：很意外，特别感激他们。在城里不认识的人，就是一般不太熟的人不会这样互相帮忙吧。

旁白：这时候赶完集的母亲带着茶水和刚买的西瓜来看魏程，但魏程却没什么胃口，怏怏的，是他怀念学校和同学了吗？

魏程：以前认为自己在学校，进学校就特别反感那种，这边学校就过得还好啊，跟老师啊同学相处也还不错。一些课程，比较喜欢的课程，像物理课、数学课还是比较怀念的。

旁白：正好说起这个话题了，我们索性追问下去，当年他为什么要离开学校选择辍学，他却又敏感起来不再继续。

魏程：黄河那里有没有什么东西玩？东西啊，都是水呗。轰，轰，黄河嘛。

旁白：午饭后魏程准备和弟弟一起去挑水，这就是村里唯一的一口井了，叫兰泉，过去泉水充足的时候水能够溢到井口，不过现在井水枯竭，人必须得从这井口钻进去，等三个小时渗出来的水才能装满一桶。魏程等不及，舀了些稍微干净的水，也顾不得里头还带着些泥沙。好不容易爬出了洞口，山里的天气说变就变，老天偏偏在这个时候下起了大雨，还夹杂着米粒大的小冰雹。魏程挑起担子就急着往家里赶，可这担子一头轻一头重不听使唤，这么个“歪把式”弟弟看着干着急！走了几步还是忍不住把担子抢过来。

魏程：我挑。

占庆：我来挑。

魏程：没事我来挑。

占庆：我挑。

魏程：我挑我挑。

占庆：我挑。

魏程：我挑吧！

占庆：我挑。

魏程：我挑我挑，没事。

占庆：我挑。

旁白：弟弟虽然比魏程矮了一个头，但挑起水来健步如飞，魏程在后面看着似乎悟出了挑担子的诀窍，争着再把担子要过来，但是好像更加不得要领。雨越下越大，旁边的弟弟看着好笑又帮不上忙，没法子，就这样扛着回家吧。好不容易回到家，弟弟忙着用桶接雨水。缺水的山村村民们每逢下雨都会用桶子盆子接雨水留着使用，珍惜大自然的每一滴恩赐。妈妈这时已经做好了晚饭，一家人围坐在一起聊着家常。

占庆：黄河，想去不想去？

魏程：想去。

高爸爸：想去啊。想去呢，怎么去呢？

魏程：想办法吧。

高爸爸：你自己钱带着吗？

魏程：没带钱。

高爸爸：哎呀，这就麻烦了。你把冬天穿的那个鞋拿来。

旁白：这棉鞋里藏着什么秘密呢？和去黄河又有什么关系？父亲葫芦里究竟卖的什么药？

高爸爸：你到我家里来了几天，又当了几天的娃娃，我给你钱去黄河行不行啊？

魏程：不，不要，不要。

高爸爸：多的没有。

魏程：不要钱。

高爸爸：够你吃一个饭，坐一个车。步行的话远了到不去（去不了）。我的这些钱，我这存的时间相当长了，好几年了。

旁白：原来父亲拿出积蓄让魏程去黄河玩。这一张张皱巴巴的零票子是父亲攒了很多年的，总共是20块。

高爸爸：这些钱存的时间相当长啊，这是我的一个心意。

魏程：不用了。不需要，不需要。

高爸爸：这7天你就是我的儿子，我是爸爸，她是妈妈。

旁白：这突然出现的一幕让魏程的眼角一下子就红了，连拿钱的手都在颤抖。

高爸爸：手痛不痛？

魏程：不疼。谢谢阿爸。

高爸爸：谢谢啥呢儿子！

魏程：一块一块五块慢慢攒起来的20块钱。一点点积蓄，因为我想去黄河玩，就一次这样全部拿给我。这个家庭对我都很好，让我很感动！

旁白：当天魏程在日记中这样写道，当时我的眼泪流到了眼边，但是我没有哭出来，当我手上握着这20块时，我的心里就像在滴血一样，这是我在这边第一次感受到了伟大的父爱。

旁白：终于可以去魂牵梦绕的黄河了。一大早，魏程就和妈妈、叔叔、弟弟出发了。从朵卜村到目的地大河家，有60多公里路，要坐40多分钟的车，这可是妈妈和弟弟第一次坐汽车啊。

高叔叔：他们这个再继续，直接从这个山头走出去，从这个山头走出去，再一转弯，就到兰州。

魏程：兰州。

高叔叔：兰州。

旁白：大河家是青海和甘肃边界上的一个回民小镇，从青藏高原千回百转顺势东来的黄河到这里流抵黄土高原边缘，背后的积石山在藏语中称为阿尼玛卿山，意思是黄河之祖。这里据说是大禹治水的地方，也是九曲黄河第一曲的开始。黄河年轻的身躯在这里已经颇有些大河流的气势了，第一次站在母亲河边，魏程觉得胸襟一下子开阔起来。

高叔叔：唉呦啊，黄河沿上牛吃水。

旁白：叔叔一时兴起，唱起当地民歌《花儿调》，这是一首情歌，魏程虽然听不懂内容，不过这忧伤的旋律似乎也触动了他的某种思绪。旁边的弟弟小孩心性，又是打水漂，又是扔石头，玩自己的，连一向安静的妈妈也难得地加入了打水仗的行列。对于他们来说，虽然住得不远，但从来没有闲情和理由出来看黄河，毕竟，这是他们这一辈子第一次看见这么大的河，大家玩得开开心心。此时的魏程却突然安静下来，独自一人看着河水发呆，他在想什么呢？没有人知道他此刻的心情。回家的路上魏程呆呆地看着窗外的风景，一言不发，叔叔和他说话也没有一点反应，他到底是怎么了？这个在家人眼里从来不哭，从不懂得情感的冷漠少年，此刻在这陌生的黄土地里忽然失声痛哭，这是两天来他最激烈的一次情感爆发，是高原艰难的生活，还是黄河之源清澈的水波让他失态？

魏程：不要拍了，我能玩的游戏，我每次什么游戏都玩得最好，就觉得没玩好，就觉得心里很空虚，反正也就是一种感觉，有的时候又不想回去。

工作人员1：为什么不想回去？

魏程：不知道。

工作人员1：是怕回去变坏了？

魏程：不怕。

工作人员1：不想他们吗？

魏程：想，有的时候特别想回去。

旁白：一场痛哭过后，魏程的心情平静了许多，就是在这时，魏程跟我们主动说起了他那个碰也不能碰的辍学事件。原来在那所知名的省级重点中学，初一的他本来是班上的体育委员，很得老师喜爱，可是在一次几所中学联合组织的郊游中，他带了几瓶啤酒，老师看见了就说他，他不服气。因为魏爸爸一直对儿子的教育比较随性，魏程从很小时就养成了过年过节跟着大人喝点啤酒的习惯，所以他和老师顶起嘴来。当时还有其他学校的人在，老师觉得学校的名声被破坏，一气之下打了魏程一耳光。就是这样，魏程再也不愿意回去上学了，性格大变，从此靠在网吧坐班来打发时光。看上去顽劣阴郁的魏程，原来有着这样的疼痛和无奈啊。

魏程：老师以前打过我吧，就是，还是，怎么说，一直，就是以前一直怀恨在心吧。这个事情就觉得不该，有许多不开心的事情都不该放在心上。

旁白：回到家，魏程主动帮妈妈生火，可是，就在这时一个意外的事情发生了。

魏程：在哪里？赶快，赶快。

旁白：原来是爸爸打水摔倒了。魏程一下子吓蒙了，过了好一会儿，才想起得赶紧把爸爸背回家去。

高爸爸：哎呀，慢点。

高弟弟：慢慢走。

高爸爸：这么大，这么大一块石头，踩上去，就这样崴了脚，这么一拐。

旁白：爸爸怎么这么晚自己跑去挑水呢？被埋怨间，老人叹口气，原来山上缺水，村里人一年才洗一个澡，但魏程是城里的孩子，在这里待了一个星期了，再不洗澡，不换衣，怕他会受不了。再说了，魏程快回长沙了，可别让那边的父母看了孩子脏得心痛，所以，爸爸摸摸索索地去了，可惜摔得水又都流了，澡洗不成了。听到这儿，魏程实在忍不住了，大步冲到屋后。

魏程：爸爸对我很好啊，就是为了让我洗一个衣服，让我洗一个澡，那么晚还为我去挑水。

（晚上，爸爸早早睡去了，魏程在院子里擦澡，洗衣服，昨天的打工生活让魏程整个肩膀都红肿起来，手上也是伤痕累累，而这时妈妈正在灯下赶着纳鞋底。）

高妈妈：这是给魏程爸爸纳的鞋，这个给魏程的妈妈。

旁白：懂事的弟弟则在另一个房间准备着礼物，这一片片树叶，弟弟擦了又擦，干干净净。这张剪纸准备的时间最久，上面的颜色是弟弟向同学借彩笔画的。明天下午就得启程回长沙了，他舍得离开这个让他倍感温暖的家吗？

案例二：

节目名称：《变形计》　　　　　　　节目标题：远方的家

播出时间：2014年11月3日

节目梗概："远方的家"中，共有三位城市主人公，他们需要通过一个月的体验改头换面。这三位城市主人公的性格都十分怪异，其中一位城市主人公杨健帆就引起了很多网友的关注。他来自浙江杭州，抽烟、喝酒、飙车、夜生活，都成了他生活中的必需品。在家对父母大打出手，在外也总是惹是生非。他被称为《变形计》中史上最分裂的少年，他会在愤怒时把爸爸打到流鼻血为止，在到交换的农村学校上课之后，由于老师坚持学校学生不能留长发、不能染发的规定，杨健帆拒绝将头发染黑，暴跳如雷，甚至将老师打得住院。老师并没有因此怪罪杨健帆，而是给三个城里的孩子送来水果和关心，杨健帆终于意识到了自己的错误，主动将自己的头发染成黑色并向老师承认错误。在老师的关怀中、农村爸爸的照顾下、同学们的鼓励下，杨健帆终于改过自新，迷途知返。

附录五

特殊任务类真人秀案例摘录

案例一：

节目名称：《爸爸去哪儿》第五季

节目标题：邓伦挑战一人带六娃娃

播出时间：2017年9月21日

节目梗概：这一期的节目中，节目组把六个孩子全部交给实习老爸邓伦一个人带，其他老爸们则在深夜被迫与孩子们分离出海去打鱼。孩子们的哭闹和不配合把这位实习老爸搞得焦头烂额，而这位实习老爸在手忙脚乱中完成了一人带六娃的艰巨任务。

节目台本：

李锐：那在今天这么欢快的音乐会要结束的时候，还有一个很重要的任务要告诉大家。首先邓伦请注意，因为你是《爸爸去哪儿》第五季唯一的一个实习爸爸，所以你责任重大，任重而道远。你今天将会独自一个人带着六个宝贝，独自一个人带着六个宝贝。

刘畊宏：你确定？

吴尊：那应该不行。

刘畊宏：等一下，你说他一个人带我们其他的孩子去，然后我们几个聚在一起休息。

李锐：而且你知道，在这个岛上面专门给大家准备了……

杜江：村长你想要说什么？

李锐：给你们准备了茶，对不对？请你们喝茶。

杜江：是。

李锐：喝完茶干吗去呢？因为在我们这个大海边靠山吃山，靠海吃海，今天给老爸们的任务就是出海。

杜江：晚上出海？

李锐：打鱼。

刘畊宏：晚上？

李锐：对。真正的属于男人的出海。

吴尊：我很久没有当男人。

杜江：我不当男人很久了。

吴尊：对，很久没当男人了。

Neinei：爸爸。

吴尊：什么？

Neinei：弟弟想要跟你说些话。

李锐：吴尊爸爸，好像听说你要出海，Neinei是这两天最开心的一次。

吴尊：她最不开心，她只要知道我要把她丢下，她一定马上飞回文莱了。

李锐：好吧，我们出海之前，能拜托就先拜托。要出发之前，大家可能不太放心的就赶紧交代好邓伦。

刘畊宏：如果晚上爸爸出去一下，然后再回来，邓伦叔叔跟其他小朋友陪你，这样好吗？可以吗？怎么了吗？你觉得不行是不是？

陈小春：我们就出去一下下，待会回来，好不好？去三个小时，好吗？

Jasper：不。

陈小春：你是个大男孩。

Jasper：我不要。

陈小春：有新朋友陪你。

Jasper：我不要。

陈小春：有新朋友。

Jasper：我不要，我要跟你睡。

陈小春：我要跟你睡，我也要跟你睡，没事没事。

杜江：来，握手。

邓伦：宝贝，我们今天要跟所有小朋友，我们在一起。

小山竹：行。

邓伦：好吗？

小山竹：你看我都没有哭。

Neinei：我现在想要妈妈。

吴尊：你照顾弟弟好不好？

Neinei：什么？

吴尊：你照顾弟弟好不好？

Neinei：你的话什么意思？

吴尊：你能照顾弟弟吗？能不能？能啊？弟弟，姐姐照顾你好不好？弟弟，好不好？你说好。

Max：好。

吴尊：好了，不要哭。

刘畊宏：会害怕吗？会害怕。

Jasper：我爱你，所以我想和你一起睡。

吴尊：我向你保证，OK？我会回来的。

李锐：大家抓紧时间，我们两分钟以后出发。

刘畊宏：爸爸敢把你放在这边，你是不是相信爸爸，不会让你有事的，对不对？是不是？爸爸只有放一下下，然后我就叫邓伦叔叔，邓伦叔叔他带你玩。她说想玩躲猫猫的游戏。

邓伦：晚上我陪你玩躲猫猫好不好？

刘畊宏：还有小山竹，还可以玩什么游戏，玩一二三木头人，要不要？

小泡芙：如果我一转过来就不许动。

刘畊宏：就不能动。

邓伦：一转过来就不能动。

刘畊宏：对，一二三木头人。

小泡芙：我一这样就要跑。

刘畊宏：对，你要这样，一二三木头人，这样子，一二三木头人。

吴尊：来，你们来，来，你们一起玩好不好？跟姐姐Neinei一起玩好不好？三个女的。

刘畊宏：玩躲猫猫跟一二三木头人。

邓伦：一二三木头人。

吴尊：一二三木头人你会吗？会吗？

（爸爸们悄悄离开）

李锐：你要吃什么？我盛饭给你们好不好？

嗯哼：我刚才就盛饭了。

李锐：你真棒，你自己盛的？盛得很好。

嗯哼：我要爸爸。

李锐：把饭饭吃完，谁最快吃完，爸爸就会回来。

嗯哼：爸爸，我要爸爸。

Jasper：不用哭。

李锐：对。

Jasper：你看我都没有哭，我只是在等。

李锐：我们来照顾一下嗯哼，因为他一直在哭，所以你要告诉他要勇敢，好不好？

嗯哼：我也没有爸爸和我一起。

Jasper：没关系。你要不要给他一个巧克力就好了。

李锐：当然可以，在这里。

Jasper：要不要跟着我，给你一个巧克力。

嗯哼：我要等爸爸。

Jasper：我会给你一个巧克力。

嗯哼：我要找爸爸。

Jasper：为什么你要爸爸？

嗯哼：我想爸爸。

Jasper：因为你不用有爸爸，因为你好大，因为你说，你比较大，你就可以了，大家都是等他的，自己的爸爸。

嗯哼：我们玩一会儿吧。

Jasper：好吧。

嗯哼：玩什么呢？

Jasper：我们玩剪刀石头布。

嗯哼：石头剪刀布。

Jasper：你赢了。

嗯哼：耶，石头剪刀布，打平手，石头剪刀布，我赢了，你怎么老是出布。

Jasper：可以了，我要吃饭，你要不要吃饭？因为你有没有饿？

邓伦：来，给你们螃蟹了，给你们螃蟹了，我先给小泡芙好不好？

小山竹：好。

小泡芙：我想要肉。

邓伦：好，我给你肉了。

小泡芙：我要吃邓爸爸。

邓伦：现在就吃，他们还没吃完饭。

Jasper：我已经吃掉你了。

邓伦：你已经吃掉我了？

嗯哼：我要吃掉你的眼睛。

邓伦：你要吃掉我的眼睛？被吃掉了。

Jasper：是假装的，我是假装的。

邓伦：我也是假装的，好。

小泡芙：我吃完你了。

邓伦：好，你吃完我了，那我没有了。

李锐：宝贝们，轩轩回来了，给我们带来了很多好玩的东西。来，我们去玩了，走了，我们去找轩轩哥哥，他带了好玩的东西给我们。

邓伦：大家慢点走。

Jasper：我比较大。

嗯哼：我比较大。

Jasper：我比较大。

嗯哼：我比较大。

Max：我想要爸爸，姐姐。

Neinei：问问他们，告诉他们我要爸爸，去吧。

Max：你和我一起去。

Neinei：他要他的爸爸。

邓伦：爸爸一会儿就回来了好吗？

Max：他还要多久回来？

邓伦：爸爸马上就回来好吗？

Max：他还要多久回来？

邓伦：三或者四个小时，好吗？

Neinei：四个小时？

邓伦：是的，也许，好吗？

Neinei：爸爸，答应我三个小时，答应我的。

吴尊：爸爸答应你，好吗？

Max：姐姐，我要爸爸。

李锐：吴尊，你到哪里了，你的宝贝很想你，你们抓到鱼了没有？如果抓到鱼你就赶紧回来，好不好？

Neinei：不用哭，我们会见到爸爸的。OK？

李锐：好了，有没有看那个光。

Max：爸爸还有多久回来？

李锐：就那个，那个，亮的，亮亮的地方看到有没有，看到没有？

刘畊宏：还要开多久？我们开蛮久了。

杜江：还要开多久啊？

男2：再开一个小时左右吧，半个小时这样的。

杜江：开近一点。

吴尊：对，我们有时间要回去，我们有任务的。

杜江：关键我们孩子还在那边。

（邓伦带孩子们做游戏）

邓伦：我们再去玩变魔术好不好？好吗？吹了风然后我们再去变魔术，好吗？

嗯哼：为什么每个都没有那个把手？

邓伦：哪个呀？

嗯哼：每个都被玩坏了吗？

邓伦：没有啊，没有被玩坏呀。

嗯哼：每个都被玩坏了，为什么没有那个把手？

邓伦：哪个有把手，你说。

嗯哼：扇子的。

邓伦：扇子的把手，那扇子被玩坏，这个可以吗？你觉得？我们回房间，房间里有空调，等你一睁眼爸爸回来了，好不好？走。在这儿，在这儿，我们看看里边有多么的漂亮。麒麒你看，这是你的新家，喜欢吗？我们走，门没开，我们走。

嗯哼：我多用力还打不开门。

邓伦：多用力都打不开门。

嗯哼：大巨人也打不开。

邓伦：绿巨人也打不开，现在是二楼啊，宝宝。

嗯哼：刚才是一楼。

邓伦：对，刚才是一楼，没错。

嗯哼：这是二楼。

邓伦：这是二楼。

嗯哼：那还有三楼吗？

邓伦：没三楼了，你要在哪儿睡？你要睡这个红色的，还是睡这个紫色的？你说，你选。

嗯哼：这就是女生床吗？

邓伦：这不是啊，是男生床啊。

嗯哼：女生。

邓伦：那有哆啦A梦，哆啦A梦是男生嘛。

嗯哼：你看还有粉色爱心呢。

邓伦：那粉色爱心。

嗯哼：还有花。

邓伦：这都是男孩女孩都可以用的，麒麒。（独白：我觉得它就是一个结吧，他不是说真的离不开爸爸了，就真的要怎么怎么样，其实不是，其实就是谁都有，就过了就好了，所以你要转移他注意力。）来，好了，你先盖上。

嗯哼：我不想要这个。

邓伦：不想要这个？好。

嗯哼：谁来了？

邓伦：摄像叔叔，睡醒我们就回家，乖。（独白：在我看见嗯哼睡着的那一刻，我把第一个孩子安抚好的那个时候，其实自己那个成就感是爆棚的。）

摄制组：Neinei想跟你打电话。

吴尊：怎么了？

Max：爸爸。

吴尊：是我。你怎么哭了？

Neinei：因为我们想你。

吴尊：我知道你们想我，爸爸正在回来，别担心好吗？你今晚不能太晚睡，你十一点前就要睡，等爸爸回来，好吗？

Neinei：不，我想让你现在回来，爸爸你能现在就回来吗？

吴尊：（独白：可是我们不到三个小时的时候，她就打电话过来了，要我赶快回来，不要挂我电话，那个时候心情真的是，无能为力你知道吗？）是的，爸爸在这边。

Neinei：你们现在就回来吗？

吴尊：爸爸在船上了，爸爸现在坐船回去了，然后我会到港口，爸爸有抓到鱼，爸爸拿鱼给你好不好？爸爸有拿鱼给你，好吗？

Neinei：好的。

吴尊独白：可是到最后还好，我跟她讲说，我要回去，你等我，她说可以。你知道我们也很挣扎，你会觉得说假如让他们这样子去试试看一下，其实对他们也好。

杜江：Neinei大了。

吴尊：对啊。

杜江：大了慢慢讲道理，你回去就好了。

吴尊：对的。

案例二：

节目名称：《爸爸去哪儿》第五季

节目标题：Jasper杀手锏软化春哥

播出时间：2017年9月14日

节目梗概：在《爸爸去哪儿》第五季中，有一位非常典型的硬汉老爸陈小春，他身上有着绝大多数中国父亲所具备的性格特征——威严。陈小春与小小春是典型的威严老爸和可爱萌娃，老爸是稳重又威严的性格，尤其是脾气不小，相比于其他有耐心的爸爸来说，陈小春还真有点不耐烦的意味。在这一期户外活动中，陈小春几次对小小春发脾气，小小春拿着扩音器喊着玩，多次被陈小春阻止。小小春刚开始没注意，结果陈小春生气了。两人开始用英文对话。对于一般的小孩来讲，爸爸发脾气的时候可能会乖乖认错，但是令观众没有想到的是，小小春竟然和陈小春讲起了道理，小小春的这一举动使陈小春对自己的行为十分愧疚。

节目台本：

（陈小春第一次生气）

李锐：接下来我们要公布一下一会儿比赛的方式，我们每一个老爸有一个腰子桶，所有的爸爸们都到腰子桶那里去，然后划船到那边去钓名牌。每一个桶里边会有一个名牌，然后里边是不同食物的名称，钓到之后要大声地告诉宝贝是什么，宝贝在最快的时间之内把食材拿出来。然后我们今天钓多少就吃多少，钓到什么就吃什么。接下来是要宝贝和爸爸们一起努力才能完成的任务，大家听清了没有？

邹明轩：那我呢？那我呢？

李锐：你跟着村长嘛。你跟着村长还怕没有吃的东西。听清没有？

陈小春：你知道什么叫花生吗？他不知道什么叫花生，也不知道什么叫地瓜，怎么办？

李锐：宝贝，你知道什么是鱼吗？鱼、虾。知道，很好，不错。

陈小春：OK。

刘畊宏：他们还没到可以认识这么多食物的时候。

小山竹：哇，两个手伸一起，又伸错了，我总伸错。

Jasper：你们开始要表演了。

陈小春：对啊，好了。

Jasper：你们过来。

陈小春：好了。要不要戴手套，人家在戴手套，你还在玩这个东西。戴手套，去，去戴手套。

李锐：所有的老爸现在开始登船，天要黑了，我们回家还要做饭呢。

Jasper：你知不知道我好想带回家，我要带回家。

李锐：村长把它送给你，好不好？

Jasper：好，你要带。

李锐：好，我们现在马上要喊开始了。

Jasper：你要答应我哦。

李锐：当然，村长说话算话好不好。

Jasper：好，答应我。

李锐：所有的人三二一，出发。

孩子们：加油加油。

Jasper：爸爸，快去。

Jasper：我可以自己拿。

李锐：搞坏了吧？

Jasper：爸爸加油。

陈小春：Jasper，鸡蛋。

Jasper：爸爸，Jasper在这儿。

陈小春：Jasper。

Jasper：什么？

陈小春：鸡蛋，鸡蛋。

Jasper：你说什么？

陈小春：鸡蛋。

Jasper：什么？

陈小春：鸡蛋，鸡蛋。

Jasper：什么？

陈小春：Egg！ Egg！

Jasper：Egg！

陈小春：鸡蛋。起码有个鸡蛋汤了。

刘畊宏：泡芙，泡芙，我的喇叭坏掉了。泡芙，泡芙。

小泡芙：海带。

刘畊宏：我的没声音了。

小泡芙：爸爸，要蛋蛋，蛋蛋。

刘畊宏：拿海螺跟扇贝，泡芙。海螺跟扇贝，泡芙。

小泡芙：海螺不是海鲜好吗？它很像蚊子的大便。

刘畊宏：我们的船会往外流，我的桨呢？我的桨不见了。我这个坏掉了。

小泡芙：爸爸。

吴尊：土豆，土豆，土豆。红萝卜。螃蟹。

嗯哼：爸爸。

杜江：麒麒，鸡腿。轩轩，你帮帮他。

嗯哼：哪个呀？

邹明轩：是这个，是这个。

嗯哼：这个？

邹明轩：嗯。

杜江：红石斑鱼。嗯哼，皮皮虾。

陈小春：Jasper，海蜇。

Jasper：是这个吗？哪个？爸爸，你是说这个吗？爸爸，爸爸，爸爸，爸爸。爸爸，爸爸，爸爸，爸爸，爸爸。

陈小春：我够了，我晚餐够了。

李锐：好了，所有的老爸请上岸，我们现在比赛结束。

陈小春：Jasper，Jasper。

Jasper：爸爸，爸爸。

陈小春：哎，你能安静吗？

Jasper：你好，你能听见我说话吗？你好，你好，你好，你好。

陈小春：哎，人家在讲话了。你可以停止吗？

Jasper：OK。

陈小春：你在做什么？

Jasper：你在做什么？

陈小春：你在做什么？

（陈小春再一次生气）

李锐：所有的老爸和宝贝们，你们都找到了好吃的东西，现在就回家去做晚餐了，你看太阳都落山了，大家赶紧抓紧了，要不宝贝就要饿肚子。

吴尊：来，爸爸抱抱。爸爸抱抱。

NeiNei：我要抱抱。

吴尊：等一下，一个后面一个后面。好的，来，一起，洗手，来洗手，来。

杜江：搓搓，香不香？

嗯哼：你闻闻。

杜江：超级香。OK。

陈小春：站这儿，走。走，那边。

Jasper：可以不生气吗？

陈小春：走，走。来，快点，快点，不要看别的地方。快点！

Jasper：我知道。你怎么了？

陈小春：啊？

Jasper：你怎么了？

陈小春：我应该问你吧，麻烦快点，快点。

Jasper：你能不生气了吗？

陈小春：Sorry？

Jasper：我说，你能不生气了吗？你能不生气了吗？

陈小春：OK，sorry，sorry。（独白：我从来没想过他会跟我有那个对答。那一刹那我是……我相信我这辈子都不会忘记那段对话。）

Jasper：今天。

陈小春：什么？

Jasper：你今天有生很多气。

陈小春：对啊，我很抱歉。原谅我，你可以原谅我吗？你可以原谅我吗？谢谢。

（傍晚）

应采儿：儿子，今天怎么样？

Jasper：我很想你。

应采儿：妈妈也很想你，你今天是不是很棒？爸爸也很棒对不对？

陈小春：我不棒，Jasper很棒。

应采儿：我听说爸爸很棒。

陈小春：给妈妈说我爱你。

Jasper：妈妈我爱你。

陈小春：爸爸是一个坏人。

Jasper：你不是一个坏人，你是一个好人。

陈小春：真的吗？

Jasper：我爱你。

陈小春：我也爱你。

Jasper：我永远爱你。

主要参考书目

1. 胡智锋. 电视节目策划学（第三版）[M]. 上海：复旦大学出版社，2020.
2. 胡智锋. 影视艺术导论[M]. 北京：高等教育出版社，2012.
3. 苗棣，毕啸南. 解密真人秀——规则、模式与创作技巧[M]. 北京：中国广播电视出版社，2015.
4. 古斯塔夫·勒庞. 乌合之众[M]. 北京：新世界出版社，2011.
5. 余秋雨. 观众心理学[M]. 上海：上海教育出版社，2005.
6. 袁靖华. 电视节目模式创意[M]. 北京：中国广播电视出版社，2013.
7. 张联. 电视节目策划技巧[M]. 北京：中国广播电视出版社，2002.
8. 王兰柱. 中国电视节目创新与收视 [M]. 北京：中国传媒大学出版社，2010.
9. 张小琴，王彩平. 电视节目形态 [M]. 北京：中国广播电视出版社，2007.
10. 阚乃庆，谢来. 最新TOP欧美电视节目模式 [M]. 北京：中国广播电视出版社，2008.
11. 徐帆，徐舫州. 电视策划与写作十讲 [M]. 杭州：浙江大学出版社，2009.
12. 王井，智慧. 电视节目策划[M]. 武汉：武汉大学出版社，2012.
13. 斯坦尼斯拉夫斯基. 演员自我修养 [M]. 桂林：广西师范大学出版社，2013.
14. 谢耕耘，陈虹. 真人秀节目：理论、形态和创新 [M]. 上海：复旦大学出版社，2007.

15. 中国湖南卫视. 变形计［M］. 长沙：湖南科学技术出版社，2007.
16. 廖媌婧，徐帆. 中国电视的想象力［M］. 广州：花城出版社，2011.
17. 陈振，田方. 主持人节目策划艺术［M］. 北京：中国广播电视出版社，2011.
18. 凯莉. 奥普拉传［M］. 南京：江苏人民出版社，2011.
19. 周凯，杨会飞，殷亮. 策划电视　风行世界的英国电视节目模式解析［M］. 北京：中国广播电视出版社，2012.
20. 宋晓阳. 日本经典电视节目模式［M］. 北京：中国广播电视出版社，2009.
21. 曹晚红. 中外电视生活服务类节目新模式解析［M］. 北京：人民邮电出版社，2016.
22. 郭瑛霞，吴闻博. 全球节目模式养成计［M］. 北京：中国传媒大学出版社，2017.
23. 许鹏. 新媒体节目策划论［M］. 北京：中国人民大学出版社，2009.
24. 周笑. 视听节目策划［M］. 北京：高等教育出版社，2015.
25. 王哲平. 电视节目策划新论［M］. 杭州：浙江大学出版社，2015.
26. 赵鑫，李成，程潇爽. 影视节目策划与制作［M］. 北京：清华大学出版社，2020.
27. 王阳. 电视人侃策划　另类思维做节目［M］. 北京：中国广播电视出版社，2007.

主要参考节目

英国：

1. *Britain’s Got Talent*
2. *X-Factor*
3. *The Cube*
4. *Master Chef*
5. *Strictly Come Dancing*
6. *Top Gear*
7. *Wife Swap*

美国：

1. *So You Think You Can*
2. *America's Next Top Model*
3. *The American Race*
4. *The Apprentice*
5. *Dancing With The Stars*
6. *The Apprentice*

荷兰：

1. *Take Me Out*
2. *The Voice of Holland*
3. *American Idol*
4. *Celebrity Splash*

韩国：

1. *Super Diva*
2. *Kpop Star*
3. 《爸爸！我们去哪儿？》
4. 《两天一夜》
5. 《花样姐姐》
6. 《超人回来了》
7. 《花样爷爷》
8. *Running man*
9. 《真正的男人》

比利时：

The Generation Show

德国：

1. *Stars in Danger High Diving*
2. *Super Brain*

日本：

《超级全能住宅改造王》

中国：

中央电视台

《赢在中国》

湖南卫视

1.《我们约会吧》

2.《中国最强音》

3.《舞动奇迹》

4.《爸爸去哪儿》

5.《花儿与少年》

6.《真正的男人》

7.《变形计》

东方卫视

1.《中国达人秀》

2.《妈妈咪呀》

3.《梦立方》

4.《顶级厨师》

5.《中国梦之声》

6.《舞林争霸》

7.《花样爷爷》

8.《梦想改造家》

9.《两天一夜》

10. *Top Gear*

11.《舞林大会》

江苏卫视

1.《非诚勿扰》

2.《星跳水立方》

3.《最强大脑》

浙江卫视

1.《中国好声音》

2.《中国星跳跃》

3.《爸爸回来了》

4.《奔跑吧兄弟》

辽宁卫视

《激情唱响》

深圳卫视

1.《年代秀》

2.《极速前进》

旅游卫视

《第一超模》

四川卫视

《明星家族的两天一夜》

后　记

有人说模式节目是特定时代诞生的快消品，所谓“江山代有节目出，各领风骚一两年”，从资本的角度来看或许有些道理，但作为研究者来说却不以为然。

本书是作者根据自己的研究成果，结合其在中央戏剧学院授课内容整理而成，在原有《节目分析》这门课程的基础上，融入了中外同类节目的模式比较，聚焦于深度挖掘模式节目本土化过程中弘扬社会主义核心价值观的文化因子，以期在理念和实操中展开分析和探讨，推动本土化模式节目发展，进而达到引领风尚、教育人民、服务社会的目标。在反复观摩、研究国内外的各类节目过程中，我们不难发现，即使有些节目已相隔数十年，但仍然经久不衰，甚至难以超越，这对今天的节目研究有着不可替代的重要意义。

在国内真人秀节目的发展历程中，一些作品常常让我们深思真人秀模式节目的核心是什么：是追求节目的真实自然？是注重节目效果的人为设计？还是展现复杂的人性？这些一直都是业界试图平衡的尺度，也都是节目的目的所在，但归根结底，“人”是这一切的核心。对人的理解、对人性的揣摩都应该是我们探寻的重点。

在具体写作中，作者参考了大量中外真人秀模式节目的案例，尤其是特别选取了经典的、现象级的作品，做到国内与国际结合、经典与创新结合，这就使得本书在理论架构的基础上，能够结合丰富的案例进行比较分析，形成有指导性和操作性的知识点。

本书的写作获得了来自腾讯视频自制综艺业务部模式开发副总监、前BBCW国际节目模式中国制作中心（北京世熙创意国际文化传媒有限公司）副总裁罗明先生的支持。作为业界资深节目策划，他与笔者分享了大量新媒体模式节目采购的经验和节目制作的一手资料。感谢中央广播电视总台中国国际广播电台播音指导、资深翻译家李勤先生，资深导演、制作人李浩洋先生：作为广播电视领域节目制作、策划的专家，他们与笔者分享了传统媒体在节目策划和制作上的相关经验。感谢研究生郭宇航，在本书写作期间完成了大量资料和数据梳理，有了她扎实的整理、编辑工作，才让本书的尽早面世成为可能。

感谢中国电影出版社编辑李清晨女士为本书所做的编辑出版工作。

感谢家人，他们的理解和支持深深给予了我动力，让我能全身心投入到本书的写作中。

文化是软实力，增强文化软实力则是硬任务。“十四五”是全面建设社会主义现代化国家开局起步的重要时期，必须在文化强国建设上迈出坚实步伐。[①]进入“十四五”阶段，继续发挥媒介影响力，大则关系到国家形象，小则关系到对人民群众所关心的话题和价值观的引导。

真人秀模式节目顺势而动，不断推陈出新。鉴于篇幅受限及真人秀节目日新月异的发展，本研究尚有诸多不足之处，尤其是如何具体结合党的十九届五中全会提出的到2035年建成文化强国的远景目标，制作出具有标志性影响力的真人秀节目，还需要进一步挖掘和研究。于我个人而言，谨以此书翘首各界探讨、批评和指正。

董冰玉

中央戏剧学院

2020年11月

① 新华网. 弘扬核心价值，坚定文化自信——学习贯彻党的十九届五中全会精神［EB/OL］. http：//www.xinhuanet.com/politics/2020-11/02/c_1126688070.htm.